Das große Buch der

KONZENTRATIONS-TECHNIKEN

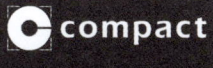

© Compact Verlag GmbH
Baierbrunner Straße 27, 81379 München
Ausgabe 2014
2. Auflage

Text: Andrea Solms
Chefredaktion: Dr. Matthias Feldbaum
Redaktion: Felicitas Szameit
Produktion: Ute Hausleiter
Abbildungen: ROQA (Inhaber Frank Behr), Nina Ruzicka,
Gabi Spiegl
Titelabbildung: fotolia.de/john photon
Umschlaggestaltung: Inga Koch

ISBN 978-3-8174-7853-8
7378531/2

www.compactverlag.de

Inhalt

Vorwort

Diese Situation kennen wir alle: Eigentlich sollten wir uns gerade auf eine bestimmte Aufgabe konzentrieren, aber unsere Gedanken schweifen ständig ab. Egal ob in Schule, Studium, Ausbildung oder Beruf, immer wird von uns volle Aufmerksamkeit verlangt. Das ist zwar nicht immer einfach, gerade wenn uns eine Aufgabe schwerfällt oder nicht interessiert. Doch das ist kein Grund, zu verzweifeln, denn Aufmerksamkeit und Konzentration lassen sich trainieren.

Dieser Ratgeber bietet praktische Tipps, wie Sie Ihre Konzentration effektiv steigern und anhand zahlreicher Übungen verbessern können. Sie lernen verschiedene Techniken kennen, mit denen sich Ihre Motivation und damit auch Ihre Aufnahmefähigkeit erhöhen lassen. Daneben erfahren Sie, welche Faktoren Ihre Aufmerksamkeit negativ beeinflussen und wie Sie diesen Störungen entgegenwirken können.

Egal ob Sie für eine wichtige Prüfung lernen oder sich für ein Referat oder ein Meeting in ein neues umfangreiches Thema einarbeiten müssen, wenn Sie konzentriert und strukturiert vorgehen, gelingt Ihnen dies schneller und besser.

Zusätzlich finden Sie verschiedene Entspannungsmethoden, die Ihnen in Stressphasen oder bei Prüfungsangst helfen, mit Nervosität und Leistungsdruck richtig umzugehen und sich nicht aus der Ruhe bringen zu lassen.

Im Anschluss an jedes Kapitel können Sie anhand vieler abwechslungsreicher Übungen Ihre Konzentrationsfähigkeit gezielt trainieren.

1. Konzentration

Ohne die Fähigkeit, sich zu konzentrieren, ist Erfolg in der Schule, in der Ausbildung oder im Beruf unmöglich. Mangelt es an Konzentrationsfähigkeit, so wird Ihnen insbesondere das Lernen schwerfallen. Sie erfahren daher in diesem ersten Kapitel, was genau Konzentration ist, wie Sie Konzentrationshindernisse beseitigen können und wie Sie Ihre Konzentration gezielt fördern können.

1.1 Was ist Konzentration?

Lara sitzt in ihrem Zimmer am Schreibtisch und sollte eigentlich ihre Hausaufgaben erledigen. Stattdessen blättert sie in einem Jugendmagazin und informiert sich über die neuesten Kinofilme. Wahrscheinlich kommt Ihnen diese Situation irgendwie bekannt vor, ganz egal, ob es um Magazine, Comics oder den Fernseher geht. Irgendetwas zum Ablenken lässt sich immer finden. Etwas, das Sie daran hindert, Ihre Gedanken auf das Wesentliche zu richten – also, sich zu konzentrieren.

Gedanken bündeln

Konzentration bedeutet nämlich, seine gesamte Aufmerksamkeit wissentlich und bewusst auf eine einzige Sache zu richten und sich durch nichts ablenken zu lassen bzw. Störungen von außen zu reduzieren. Das ist zugegebenermaßen oft sehr schwierig. Meistens gehen uns viele Gedanken durch den Kopf, die mit der Sache, auf die wir uns konzentrieren sollen, nicht das Geringste zu tun haben, und ständig sind wir den verschiedensten Sinneseindrücken ausgesetzt. Andererseits gibt es aber auch Bereiche, in denen es uns ganz leichtfällt, aufmerksam zu sein, und zwar deswegen, weil wir uns für sie interessieren. Im Fall von Lara wäre das vermutlich der neue Kinofilm mit ihrem Lieblingsstar.

Diese Tatsache lässt sich unmittelbar auf die Schule, Ausbildung oder Universität übertragen: Haben Sie Interesse an dem Lernstoff, den Sie bearbeiten müssen, wird es Ihnen wesentlich leichterfallen, sich zu konzentrieren, als wenn es sich um ein ungeliebtes Themengebiet handelt. Die Motivation spielt also eine wichtige Rolle bei dem Bemühen, sich zu konzentrieren. Aber davon wird in Kapitel 2 noch ausführlich die Rede sein.

Konzentration bedeutet, die Gedanken zu bündeln, damit sie wirklich nur auf eine Sache gerichtet sind. Die Aufmerksamkeit auf zwei Dinge zur gleichen Zeit zu richten, ist schwierig bis unmöglich! Wenn Sie beispielsweise ein Buch lesen und gleichzeitig versuchen, herauszufinden, mit wem Ihre große Schwester gerade telefoniert, dann werden Sie nachher feststellen, dass Sie den Inhalt der betreffenden Buchseiten nicht in allen Einzelheiten erfasst haben. Sie müssen noch einmal zurückblättern, um sich über das ein oder andere Detail zu informieren, das für den Fortgang der Geschichte entscheidend ist und das Sie – mit geteilter Aufmerksamkeit lesend – nicht mitbekommen haben.

Lernen und Konzentration

Effektives Lernen ist nur in konzentriertem Zustand möglich. Ohne Konzentration gibt es kein bewusstes Lernen und damit auch keinen Lernerfolg. Viele Schüler, Auszubildende und Studenten leiden heute unter Konzentrationsschwäche. Meist handelt es sich dabei jedoch nicht um eine schwerwiegende Konzentrationsstörung, sondern um leichtere Schwierigkeiten, die meist durch ein entsprechendes Training gut zu beheben sind.

Konzentration gezielt trainieren

Sie können Ihre Konzentrationsfähigkeit ohne großen Aufwand trainieren. Folgende Übungen sollen Ihnen als Einstieg dienen.

Übung 1:

Betrachten Sie bewusst einen Gegenstand, etwa Ihren Schreib-
tischstuhl. Welche Farbe und Form hat er? Aus welchem Ma-
terial ist er gefertigt? Gibt es Besonderheiten, die Ihnen auffallen? Versuchen Sie, mit geschlossenen Augen in Gedanken
den Gegenstand nachzuzeichnen. Anschließend vergleichen
Sie Ihr gedankliches Bild mit dem tatsächlichen Stuhl.

Wenn Sie diese Übung (mit welchem Gegenstand auch immer)
von Zeit zu Zeit durchführen, werden Sie feststellen, dass Ihre
Konzentration beim bewussten Betrachten bestimmter Gegenstände zunehmen wird. Das werden Sie auch dann merken,
wenn Sie sich etwa in der Physik bestimmte Schaltkreise oder in
der Geografie den Verlauf von Flüssen in einem Land einprägen
sollen.

Übung 2:

Malen Sie alle *E* hellblau an und alle *O* dunkelblau!

A	H	I	I	H	F	O	E	R
W	J	K	L	R	H	E	B	G
F	H	W	P	E	R	G	A	D
O	A	E	Q	U	G	W	H	F
R	E	F	E	W	E	K	T	K
E	G	Q	F	Q	J	B	R	L
A	H	H	E	M	O	P	J	P
D	K	M	G	O	P	A	O	A
M	A	P	J	A	H	S	W	H
I	W	K	O	O	M	M	E	W
T	Q	T	R	M	A	H	H	A
Z	H	R	T	E	H	Z	R	Q
E	J	C	A	H	E	E	Z	F
H	U	A	G	W	B	M	J	N

Übung 3:

Kreisen Sie jeweils die Buchstabenfolgen *hjk* (waagerecht und senkrecht) ein!

a	h	k	l	h	f	o	e	r
w	j	k	l	r	h	e	b	g
f	k	w	p	e	r	g	a	d
o	a	e	q	u	g	w	h	f
r	e	f	e	h	j	z	j	k
e	g	q	f	q	j	b	k	l
h	k	h	h	j	k	p	j	p
j	k	j	j	k	p	h	j	k
k	a	p	k	m	h	j	w	h
i	w	k	o	g	m	k	j	v
t	q	t	m	n	h	j	k	a
z	h	r	h	e	h	z	r	q
e	j	c	k	h	h	j	k	f
a	k	d	j	m	k	l	e	d

In diesem Buch werden Sie zahlreiche weitere Übungen zur Förderung Ihrer Konzentrationsfähigkeit finden – sowohl immer mal wieder in den Text eingestreut als auch in eigenen Übungsblöcken nach jedem Kapitel.

1.2 Konzentrationshindernisse vermeiden und Konzentration steigern

Viele der Faktoren, die unsere Konzentration beeinflussen, sind uns oftmals gar nicht bewusst. Umso wichtiger ist es, sich diese einmal deutlich vor Augen zu führen, um Störungen in Zukunft zu vermeiden und konzentrationsfördernde Aspekte zu unterstützen. Die nun folgenden Abschnitte geben Aufschluss über positive und negative Einflüsse auf unsere Konzentrationsfähigkeit.

Akustische Konzentrationshindernisse

Viele hören während des Lernens gerne Musik und lenken ihre Aufmerksamkeit damit unbewusst auf zwei verschiedene Dinge gleichzeitig. In den meisten Fällen schadet dies der Konzentration auf den Lernstoff, da die Aufmerksamkeit nicht gebündelt wird, sondern zwischen Musik und Lernen hin und her wechselt.

Es ist inzwischen wissenschaftlich erwiesen, dass die Leistungen bei Musikbegleitung in der Regel weniger gut sind als bei Ruhe. Lediglich bei Routinearbeiten kann sich Musik unter Umständen positiv auswirken. Außerdem kann sie die Arbeit dann sinnvoll unterstützen, wenn sie andere störende Geräusche übertönt. Im Allgemeinen ist es aber so, dass Musik die Konzentration eher hemmt als unterstützt bzw. fördert. Genauso wenig kann man in einem Raum gut arbeiten oder sich konzentrieren, in dem immer wieder das Telefon klingelt oder sich andere Leute nebenbei unterhalten.

Tipp

Wenn Sie z. B. durch jüngere Geschwister beim Lernen gestört werden, weil diese öfter grundlos in Ihr Zimmer kommen oder laut mit ihren Freunden spielen, sollten Sie dieses Thema unbedingt mit Ihren Eltern besprechen. Diese haben sicher Verständnis dafür, dass Sie für die Zeit Ihrer Hausaufgaben einen Rückzugsraum benötigen, in dem Sie möglichst ungestört sind. Sie werden Ihre Geschwister dann anhalten, Sie nicht zu stören und ruhiger zu sein – zumindest, während Sie Hausaufgaben machen.

Doch nicht nur akustische Störungen können Sie daran hindern, ihre ganze Aufmerksamkeit dem Lernstoff zuzuwenden. Auch ein unordentlicher oder schlecht ausgestatteter Arbeitsplatz kann den Lernerfolg entscheidend beeinträchtigen und unangenehme Folgen haben.

Ordnung am Arbeitsplatz

Bevor Felix mit seinen Hausaufgaben beginnen kann, muss er sich erst einmal durch das Chaos auf seinem Schreibtisch kämpfen. Und das ist wahrhaftig nicht einfach! Nicht nur, dass da sein Tischtennisschläger liegt, auch ein leerer Joghurtbecher und der MP3-Player sind nicht gerade das, was er zum Lernen braucht. Kurz gesagt: An seinem Arbeitsplatz herrscht das vollkommene Chaos!

Das sind nicht gerade die besten Bedingungen, um mit dem Lernen für die Englischarbeit anzufangen. Unordnung am Schreibtisch sollte so weit wie möglich vermieden werden, denn dem Arbeitsplatz kommt beim Lernen eine besondere Bedeutung zu. Wie das Beispiel von Felix klarmacht, sollten auf Ihrem Schreibtisch nach Möglichkeit keine Dinge „herumfliegen", die mit dem Lernen nichts zu tun haben. Das lenkt nur ab.

Der feste Arbeitsplatz

Auf jeden Fall brauchen Sie einen festen Platz, an dem Sie für die Schule oder Universität lernen können. Am besten wäre sicherlich ein eigenes Arbeitszimmer. Aber ein fester Arbeitsplatz, an dem Sie tagtäglich ungestört Ihre Hausaufgaben erledigen können, reicht natürlich auch schon aus.

Ein eigener Arbeitsplatz ist deswegen so wichtig, weil unser Verhalten stark an Gewohnheiten orientiert ist. Das zeigen viele wissenschaftliche Untersuchungen – und die eigene Erfahrung: Ein bestimmter Geruch kann uns an eine Situation erinnern, die wir einmal erlebt haben (und bei der wir den gleichen Geruch wahrgenommen haben).

So ähnlich ist es auch mit dem festen Arbeitsplatz, der den Lernenden an das Arbeiten „erinnert". In einer vertrauten Arbeitsumgebung stellt sich der Körper ganz automatisch auf Arbeiten ein.

Tipp

Lernen Sie immer an demselben, vertrauten Arbeitsplatz, dann wird es Ihnen leichterfallen, sich auf das Lernen einzustimmen und Ihre Gedanken zu bündeln.

Technische Ausrüstung

Der Arbeitsplatz sollte zunächst einmal ausreichend groß sein. Die Schreibtischplatte sollte mindestens 120 x 80 cm betragen. Genauso wichtig ist selbstverständlich der Sitzplatz, der eine körpergerechte Sitzhaltung ermöglichen muss.

Raum und Arbeitsplatz müssen gut beleuchtet sein. Idealerweise steht der Schreibtisch in der Nähe des Fensters. Wenn Sie auf elektrisches Licht zurückgreifen, sollten Sie darauf achten, dass Sie nicht geblendet werden und das Licht keine Schatten auf Ihre Unterlagen wirft.

Da Sie bei geistiger Arbeit etwa 15 Prozent mehr Sauerstoff benötigen als sonst, denken Sie auch daran, den Raum ausreichend zu belüften. Die Raumtemperatur sollte immer bei etwa 20 Grad Celsius liegen.

Arbeitsmaterialien

Ihr Arbeitsplatz sollte so ausgerüstet sein, dass alle Materialien, die Sie zum Arbeiten brauchen, vorhanden sind: Papier, Stifte, Lineal, Schmierpapier, Bleistift, Anspitzer, Radiergummi, Büroklammern, Taschenrechner etc. Es ist äußerst hinderlich, wenn man mit dem Lernen gerade anfangen will und dabei feststellen muss, dass die benötigten Gegenstände entweder gar nicht vorhanden oder nicht mehr in Ordnung sind. Denn: Müssen Sie dann erst wieder im ganzen Haus einen Anspitzer suchen und dabei eventuell noch eine Diskussion mit Ihrer Mutter über Ihre Unordnung führen, wird Ihnen das bestimmt nicht gerade helfen, vergnügt und konzentriert mit dem Lernen anzufangen.

Außer den Schreibmaterialien benötigen Sie einen Papierkorb in der Nähe Ihres Arbeitsplatzes. Konzeptpapier, das Sie nicht mehr brauchen, sollte direkt im Papierkorb landen und nicht auf dem Schreibtisch liegen bleiben.

Der Schreibtisch selbst sollte stets aufgeräumt sein. Sie müssen wissen, wo Sie etwas finden können, sonst verschwenden Sie möglicherweise wichtige Zeit mit Suchen. Weitere wichtige Utensilien wie Fremdwörterbuch, Taschenrechner, Atlas, Formelsammlungen etc. sollten natürlich auch in erreichbarer Nähe bereitstehen.

Förderlich ist es darüber hinaus, wenn Sie nur jeweils diejenigen Bücher vor sich liegen haben, die Sie gerade auch brauchen. Wenn Ihr ganzer Schreibtisch zusätzlich noch mit den Büchern vollgepackt ist, die Sie für andere Fächer oder Lernaufgaben benötigen, könnte Sie das entmutigen. Zudem haben Sie dann wahrscheinlich nicht mehr genug Platz auf dem Schreibtisch.

Haben Sie z. B. die Geschichtsaufgaben erledigt, packen Sie Buch und Heft ruhig weg und sagen Sie dabei möglichst laut zu sich: „Geschafft!". Das ist dann nämlich jedes Mal ein kleines Erfolgserlebnis und hilft Ihnen dabei, Ihre Motivation aufrechtzuerhalten.

Eine angenehme und vertraute Atmosphäre schaffen

Ein ordentlicher Schreibtisch ist zwar wichtig, aber nicht alles. Ihr Arbeitsplatz sollte außerdem auch gemütlich sein, sodass Sie gerne dort sitzen und lernen. Sie müssen sich wohlfühlen, sonst können Sie nicht effizient lernen.

Gestalten Sie Ihre Umgebung so angenehm wie möglich, z. B. mit einem schönen Poster oder Bild. Vielleicht stellen Sie auch eine Topfpflanze auf das Fensterbrett oder auf Ihren Schreibtisch. Je angenehmer Sie Ihre Lernumgebung empfinden, desto lieber werden Sie diese aufsuchen. Ein ansprechender Arbeitsplatz steigert die Lust am Lernen. Ein ungemütlicher Arbeitsplatz hingegen verringert sie. Wenn Ihr Arbeitsumfeld stimmt, werden Sie beim Lernen besser vorankommen und häufiger Erfolge verbuchen.

Wer Duftöle oder Duftkerzen mag, kann damit eine noch angenehmere Atmosphäre schaffen. Sie sollten allerdings bei der Dosierung von Raumdüften vorsichtig sein. Bei zu starker Konzentration können Kopfschmerzen die Folge sein. Machen Sie in diesem Fall eine kurze Lernpause und lüften Sie das Zimmer.

Störungen können also einerseits von außen, aus der unmittelbaren Umgebung bzw. aus der Umwelt, kommen. Zu einem großen Teil kommen sie aber auch von innen.

Tipp

Wenn Sie feststellen, dass die äußeren Bedingungen noch nicht optimal sind, verändern Sie diese! Wenn Sie dafür Unterstützung brauchen (z. B. finanzielle, weil Sie eine neue Schreibtischlampe benötigen), sprechen Sie mit Ihren Eltern darüber. Sie möchten sicher auch, dass Ihr Lernerfolg gewährleistet ist.

Checkliste: Arbeitsplatz

- Ist der Schreibtisch ausreichend groß?
- Liegen alle Arbeitsutensilien bereit?
- Ist der Platz ausreichend beleuchtet?
- Ist der Platz ordentlich aufgeräumt, sodass ich alle benötigten Sachen schnell finde?
- Habe ich nur die Arbeitsunterlagen auf dem Tisch, die ich jeweils benötige?
- Habe ich meine Arbeitsumgebung angenehm gestaltet, z. B. mit Pflanzen oder Bildern?
- Sorge ich für ausreichend Frischluft?
- Ist die Raumtemperatur angenehm?

Innere Konzentrationshindernisse

Ungelöste Konflikte und Probleme sowie Ängste, um die unsere Gedanken kreisen, lenken uns natürlich nicht weniger vom Lernen ab. Sie können sogar eine ganz enorme emotionale Belastung darstellen. Wenn wir uns zu sehr in ein Problem hineinsteigern, können wir oft keinen klaren Gedanken mehr fassen und sind ständig mit dem Problem beschäftigt. Und in dieser Verfassung lässt es sich natürlich nicht gut lernen. Sollte dies bei Ihnen der Fall sein, ist es wichtig, dass Sie das Problem aktiv angehen, um eine baldige Lösung zu finden, anstatt es immer wieder aufzuschieben und darauf zu hoffen, dass es sich von selbst regelt.

Vielleicht kann ja ein Gespräch mit den Eltern oder einem guten Freund schon weiterhelfen. Oft genügt es, seine Sorgen einfach einmal aussprechen zu können, um sich erleichtert und beruhigt zu fühlen. In schwerwiegenderen Fällen ist es auch möglich, sich Hilfe bei einer Beratungsstelle zu holen. Entscheidend ist, dass Sie den Kopf rasch wieder frei bekommen für mögliche Lerninhalte. Dies gilt besonders in Prüfungsphasen.

Checkliste: Störungen vermeiden

- Habe ich äußere Störungen wie Lärm, Musik, Telefon ausgeschaltet?
- Habe ich Störungen durch Mitmenschen (Familie, laute Nachbarn) angesprochen?
- Gehe ich Konflikte und Probleme aktiv an und schiebe sie nicht immer wieder auf?

Haben Sie eine oder sogar alle der obigen Fragen mit „Nein" beantwortet, sollten Sie sich fest vornehmen, diese Aufgaben in den nächsten Tagen anzupacken. Überlegen Sie sich vorher genau, wie Sie am besten vorgehen könnten.

Tipp

Wenn Sie immer wieder durch lästige Telefonanrufe gestört werden, ist es – mit dem Einverständnis Ihrer Eltern oder Mitbewohner – vielleicht möglich, das Telefon während Ihrer Lernzeit so leise zu stellen, dass Sie nicht ständig abgelenkt werden. Sie können Ihre Eltern oder Mitbewohner auch darum bitten, Anrufe nicht zu Ihnen durchzulassen.

Ernährung und Konzentration

Das bekannte Sprichwort „Ein voller Bauch studiert nicht gern" hat recht: Dass man mit vollem Magen genauso schlecht lernen kann wie mit leerem Magen, haben Sie bestimmt selbst schon festgestellt. Doch warum ist das so? Das Gehirn benötigt, um gute Arbeit zu leisten, viel Sauerstoff, der über das Blut transportiert wird. Nach einer größeren Mahlzeit befindet sich das Blut aber vor allem in den Verdauungsorganen, um dort Nährstoffe aufzunehmen. Das Gehirn muss sich währenddessen mit dem übrigen Blut zufriedengeben und ist somit in seiner Leistungsfähigkeit eingeschränkt.

Nach einer Hauptmahlzeit, wie man sie ja mittags meistens zu sich nimmt, sollte man daher mindestens eine Stunde warten, bevor man mit dem Lernen beginnt. Die Zeit bis dahin können Sie nutzen, um sich zu entspannen und sich körperlich und geistig auf das Lernen vorzubereiten. Vielleicht hören Sie etwas Musik oder gehen eine Runde spazieren.

Nur wenn auch die körperlichen Bedürfnisse berücksichtigt werden, kann die geistige Arbeit Erfolg haben. Setzen Sie sich also weder direkt nach einem fulminanten Mittagessen an die Aufgaben noch mit leerem, knurrendem Magen. Nehmen Sie sich im zweiten Fall die Zeit, erst noch etwas möglichst Gesundes zu essen, denn grundsätzlich gilt: Eine gesunde Ernährungsweise hilft dabei, die Konzentration zu verbessern.

Tipp

Energiezufuhr mit Obst, wie beispielsweise Bananen und Ananas, mit Vollkornprodukten, mit Nüssen und mit Schokolade (Schokolade sollte immer einen hohen Kakaoanteil haben) ist erlaubt! Studentenfutter, das viele verschiedene Nusssorten und Rosinen enthält, ist ebenfalls sehr zu empfehlen.

Weitere Konzentrationshindernisse

Negativ auf die Konzentrationsfähigkeit wirkt sich außerdem Schlafmangel aus. Wer möglicherweise mehrere Nächte hintereinander erst spät ins Bett gekommen ist, weil er lieber ferngesehen oder Computer gespielt hat, darf sich also nicht wundern, wenn es ihm während einer solchen Phase in der Schule oder Universität schwerfällt, am Ball zu bleiben.

Zu lernen, wenn man übermüdet oder gar krank ist, macht demnach wenig Sinn. Mit Kopfschmerzen, Husten und Schnupfen ist das Lernen von vornherein zum Scheitern verurteilt. Setzen Sie sich nach Möglichkeit also nur körperlich und geistig fit an den Schreibtisch. Alles andere ist im Grunde Zeitverschwendung, weil nur ein Bruchteil von dem, was Sie sich einzuprägen versuchen, auch wirklich haften bleibt.

Tipp

Wenn sich bei Ihnen aus irgendeinem Grund ein Schlafdefizit angestaut haben sollte, dann legen Sie sich am besten kurz hin, bevor Sie mit dem Lernen beginnen – aber nur maximal eine halbe Stunde, damit Sie nicht in den Tiefschlaf fallen, denn sonst fällt das Aufstehen richtig schwer! Gleichzeitig sollten Sie sich vornehmen, am Abend frühzeitig das Licht auszumachen, damit Sie am nächsten Tag wieder vollständig ausgeruht und leistungsfähig sind.

Auch unter Zeitdruck fällt es wesentlich schwerer, sich zu konzentrieren. Sollten Sie also beispielsweise an einem Nachmittag, an dem Sie lernen müssen, noch andere Termine haben, die Sie zwingen, unter Zeitdruck zu arbeiten, sollten Sie überlegen, ob es nicht möglich wäre, die entsprechenden Verabredungen zu verschieben, damit Sie in Ruhe weiterarbeiten können. Wenn dies nicht möglich ist, sollten Sie prüfen, ob Sie die entsprechende Lerneinheit auf einen anderen Tag verlegen können. Auch ein Telefongespräch, das Sie noch führen wollen und das Ihnen die ganze Zeit während des Lernens im Kopf „herumspukt", sollten Sie besser erledigen, bevor Sie sich an den Schreibtisch setzen.

Außerdem ist es nicht möglich, hohe Konzentration über einen langen Zeitraum aufrechtzuerhalten. Deswegen müssen unbedingt ausreichend lange Pausen eingelegt werden. Davon ist in

Abschnitt 3.3 ausführlicher die Rede. Denn, wer keine rechtzeitigen und regelmäßigen Pausen macht, sondern bis zur Erschöpfung arbeitet, benötigt anschließend umso längere Pausen, um wieder aufnahmefähig und lernbereit zu sein. Im Endeffekt beansprucht dies mehr Zeit, als früh genug eine kürzere Pause zu machen.

Schlafmangel und Zeitdruck sind also Konzentrationshindernisse, die Sie durchaus vermeiden können. Ein vorab ausgearbeiteter Zeitplan kann hier eine große Hilfe sein. Wenn Sie sich frühzeitig überlegen, was Sie wann machen möchten, können Sie ausreichend Zeit für Ihre Termine und Lerneinheiten einplanen, müssen nicht unter Druck arbeiten und kommen am Abend rechtzeitig zum Schlafen. Wenn Sie genügend Zeit einplanen, bringen Sie auch spontan auftretende „Problemchen" nicht gleich aus der Fassung. Es liegt also an Ihnen, einige der Konzentrationshindernisse mithilfe sinnvoller Zeitplanung selbst aus dem Weg zu räumen.

Es ist daher sinnvoll, anhand der folgenden Tabelle nachzuprüfen, welche Störungen Sie persönlich meist am konzentrierten Arbeiten hindern.

Übung 4:

Tragen Sie Datum, Uhrzeit, Tätigkeit (also z. B. Englisch lernen), die empfundene Konzentrationsfähigkeit (hoch, mittel, gering) und die Art der Störungen in die Tabelle ein (z. B.: Ich musste an den Streit mit Miriam denken, störende Musik aus dem Nebenzimmer, Zeitdruck etc.)! Belassen Sie es aber nicht nur bei der Feststellung dieser Probleme, sondern überlegen Sie anschließend, was Sie zukünftig verändern wollen! Schieben Sie Ihre Probleme nicht vor sich her, denn so lassen sie sich bestimmt nicht lösen. Arbeiten Sie besser anhand der Tabelle Schritt für Schritt Ihre „Konzentrationshemmer" ab.

Datum und Uhrzeit	Tätigkeit	Konzentrations- grad	Störung

Übung 5:

Beantworten Sie nach dem Ausfüllen Ihrer Konzentrationstabelle folgende Fragen!

Zu welcher Tageszeit kann ich am besten lernen, mich am besten konzentrieren?

_____

Welche Störungen treten immer wieder auf?

_____

Wie kann ich die Störungen zukünftig vermeiden?

_____

Was werde ich konkret tun, um eine bestimmte Störung abzustellen?

_____

Wann werde ich es tun?

_____

Übung 6:

Notieren Sie nun konkrete Konzentrationshindernisse und versuchen Sie, diese zu beseitigen! Zur Erfolgskontrolle machen Sie nach der Behebung der Störung einen Haken oder belohnen sich mit einem Smiley.

		Störung behoben
Störung 1:		
Störung 2:		
Störung 3:		
Störung 4:		
Störung 5:		
Störung 6:		

Die folgende tabellarische Übersicht stellt noch einmal auf einen Blick mögliche Ursachen für Konzentrationsschwierigkeiten zusammen.

Äußere Störungen	Innere Störungen	Weitere Gründe
Lärm, Musik, Radio	Probleme, Konflikte, Ängste	Schlafmangel
Störungen durch Mitmenschen (laute Gespräche, Telefonanrufe)	mangelnde Motivation	Hunger/Durst
schlecht ausgestatteter/unaufgeräumter Arbeitsplatz		Zeitdruck
schlechtes Raumklima		zu wenige Pausen
		Überforderung durch zu viel schwere Arbeit

Bevor Sie zum nächsten Thema (konzentrationsfördernde Lernmethoden) übergehen, können Sie zunächst noch an drei weiteren Übungen Ihre derzeitige Konzentrationsfähigkeit testen.

Übung 7:

Merken Sie sich die Lage der Pfeile und zeichnen Sie diese anschließend aus dem Gedächtnis auf einem Blatt Papier nach!

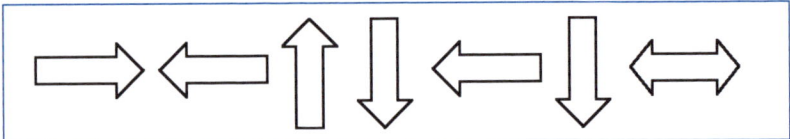

Übung 8:

Sie haben nun zehn Minuten Zeit, um Wörter zu finden, die mit den rechts vorgegebenen Buchstaben anfangen beziehungsweise enden!

a) E _____ A
b) N _____ R
c) T _____ T
d) R _____ N
e) A _____ E
f) T _____ Z
g) I _____ N
h) O _____ O
i) N _____ K

Übung 9:

Die folgenden Buchstaben entsprechen jeweils einer Zahl:

A = 1, B = 2, C = 3, D = 4, E = 5, F = 6, G = 7, H = 8, I = 9

Rechnen Sie nun die folgenden Aufgaben, so schnell Sie kön-nen, im Kopf!

a) AD + EH = _____

b) BC − AB = _____

c) GB : H = _____

d) CB · D = _____

e) FE − DC = _____

f) HG + AB = _____

g) DI : G = _____

h) CA · C = _____

i) IG − EB = _____

1.3 Konzentrationsfördernde Lernmethoden

Auch wenn wir eigentlich gerade keine Lust zum Lernen haben, gibt es einige Tricks, mit denen wir unser Gehirn überlisten und aufs Lernen programmieren können. Es folgen nun verschiedene Tipps, die helfen, sich selbst einen Ruck zu geben, mit dem Lernen anzufangen und effektiv zu lernen.

Aller Anfang ist schwer

Wohl jeder hat diese Erfahrung schon einmal gemacht: Wenn man mit dem Lernen beginnen möchte, fällt dies oft besonders schwer. Man findet nicht den richtigen Einstieg und hat eigentlich keine Lust, anzufangen. Warum? Da unser Leben glücklicherweise nicht nur aus Lernen besteht, sondern aus so manch anderen Verpflichtungen und auch Vergnügungen, sind wir vielen verschiedenen Eindrücken ausgesetzt. Unsere Gedanken und unsere Gefühle sind daher manches Mal noch abwesend, auch wenn wir körperlich bereits an unserem Schreibtisch sitzen – wir sind dann nicht ganz bei der Sache, wir sind unkonzentriert.

Gedanklich noch bei der schwierigen Lateinarbeit vom Vormittag und gefühlsmäßig bei unserem neuen Schwarm, fällt es uns nicht gerade leicht, uns auf die anstehenden Lernkapitel zu konzentrieren. Das Gehirn muss sich erst auf Lernen umstellen. Und damit dies möglichst umfassend geschehen kann, muss es sich von dem lösen, was Sie vorher getan oder gedacht haben. Diese Umstellung funktioniert aber nicht schlagartig, sondern sie braucht Zeit. Dies ist der Grund dafür, dass wir vor allem zu Beginn des Lernens Schwierigkeiten haben, uns zu konzentrieren.

Dass gerade der Lerneinstieg so schwerfällt, haben auch viele Wissenschaftler zum Thema ihrer Untersuchungen gemacht.

Dabei stellten sie fest, dass wir insbesondere in den ersten 15 Minuten unserer Lernphase noch recht wenig leisten können. Danach erst steigt die Leistungsfähigkeit an und wir können effektiv lernen.

Mit etwas Leichtem beginnen

Wenn wir diese Erkenntnis für unseren Lerneinstieg nutzen wollen, dann heißt dies: Beginnen Sie Ihre Hausaufgaben oder Übungen stets mit einer leichteren Aufgabe. Gleichzeitig ist es sinnvoll, ein Fach auszuwählen, das Ihnen besonders Spaß macht. Keinesfalls jedoch sollten Sie mit etwas Schwerem beginnen, das vielleicht auch noch aus einem ungeliebten Fachbereich stammt. Denn dann könnte es passieren, dass 15 Minuten lang gar nichts passiert!

Man kann den Lerneinstieg also durchaus mit der Aufwärmphase bei einem Sportler vergleichen. Genauso wie der Körper etwas Zeit braucht, um richtig beweglich zu werden, benötigt eben auch das Gehirn Zeit, um sich auf das Lernen umzustellen.

Gerade beim Lerneinstieg kann es sinnvoll sein, ein kleines Konzentrationstraining vorzuschalten, z. B., indem man sich spielerisch mit dem vorgegebenen Text beschäftigt: Suchen Sie etwa alle *A* oder alle Doppelvokale heraus, die in einem bestimmten Textabschnitt vorkommen. Die Übung sollte nicht länger als drei Minuten dauern. Danach ist Ihr Gehirn fit für den Lerneinstieg.

Übung 10:

Lust auf eine Konzentrationsübung für zwischendurch? Betrachten Sie die folgende Figur eine Minute lang und versuchen Sie, sich diese einzuprägen! Anschließend zeichnen Sie sie aus dem Gedächtnis wieder auf!

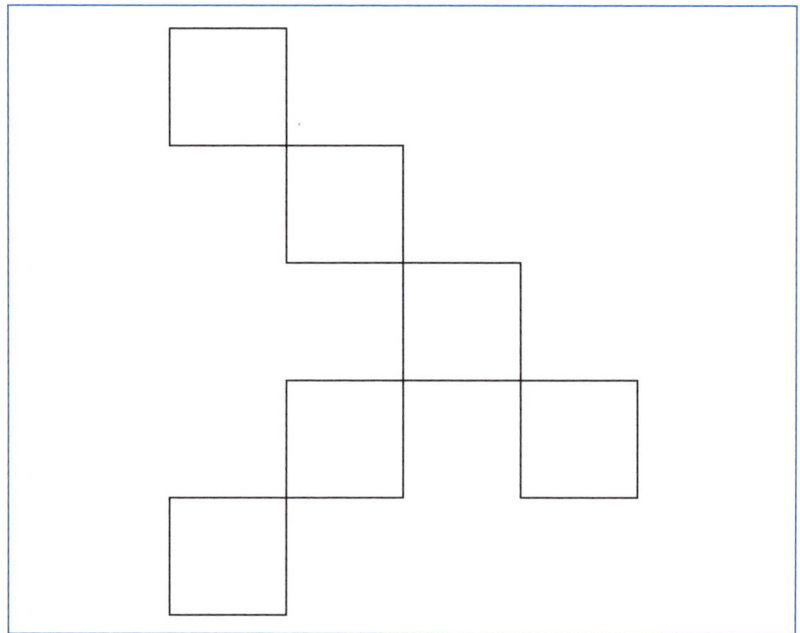

Portionsweise lernen

Sie sitzen vor einem Berg von Arbeit und wissen nicht, womit Sie anfangen sollen? Der Berg erscheint Ihnen sogar so hoch, dass Sie glauben, ihn niemals bewältigen zu können, und möchten daher am liebsten erst gar nicht anfangen? „Ich sollte vielleicht lieber ein Telefonat mit einer Klassenkameradin über diese Unmengen von Aufgaben und diese unmöglichen Lehrer führen", sagen Sie sich entmutigt. – Keine Frage, das wäre eine gute Idee, um sich abzulenken! Und gerade deshalb wäre dies absolut konzentrationsfeindlich.

Diese Situation kommt wohl den meisten Lernenden irgendwie bekannt vor. Deshalb sollten Sie versuchen, diesen Berg zunächst einmal auf seine einzelnen Schichten hin zu untersuchen. Das heißt, Sie beginnen Ihre Arbeit damit, das Aufgaben-Bündel in einzelne Portionen aufzuteilen.

Dazu listen Sie zunächst alles haarklein auf, was Sie an einem Tag erledigen müssen. Schreiben Sie sich kleine Zettel – pro Aufgabe ein Zettelchen –, die Sie auf Ihrem Schreibtisch in einem Kästchen aufbewahren. Ist eine Pinnwand vorhanden, können Sie Ihre Aufgaben-Portionen natürlich auch dort befestigen. Jedes Mal, wenn Sie eine Portion erledigt haben, nehmen Sie den Zettel und werfen ihn mit Genugtuung weg.

Natürlich wird dadurch die Arbeit insgesamt nicht weniger, aber sie wird zumindest übersichtlicher und Sie fühlen sich somit nicht mehr überfordert. Außerdem ist es jedes Mal ein kleines Erfolgserlebnis, wenn man wieder einmal eine Aufgaben-Portion geschafft hat und den entsprechenden Zettel in den Müll werfen kann.

Erinnert Sie das an etwas? Ganz genau, dieser Hinweis ergänzt denjenigen aus dem Abschnitt „Arbeitsplatz", wo Ihnen empfohlen wurde, nur die Bücher und Hefte auf dem Schreibtisch liegen zu lassen, die Sie für die jeweilige Aufgabe benötigen. Beide Tipps zusammengenommen helfen, im Kopf und auf dem Schreibtisch erst gar kein Chaos aufkommen zu lassen.

Reihenfolge der Aufgaben festlegen

Erst Englisch, dann Französisch, danach die Naturwissenschaften und ganz zuletzt die mündlichen Aufgaben? Normalerweise wäre das die Reihenfolge gewesen, die Max am ehesten gewählt hätte. Englisch, weil er es nicht mag, Französisch, weil es auch eine Sprache ist, und danach Naturwissenschaften, weil er die am liebsten mag. Die mündlichen Aufgaben kann man ja vielleicht auch noch abends im Bett erledigen.

Dass Max nicht mit dem ihm ungeliebten Fach Englisch beginnen sollte, wissen wir bereits. Es gibt allerdings noch mehr Hilfen, die das Lernen leichter machen. Abgesehen vom leichten

Einstieg und der Aufteilung des Lernstoffs in Portionen ist es außerdem empfehlenswert, wenn Sie vor Beginn Ihrer Arbeit auch noch die Reihenfolge der Aufgaben festlegen, die Sie erledigen müssen. Nach welchen Gesichtspunkten dies am sinnvollsten geschehen kann, erfahren Sie in den nächsten Abschnitten.

Abwechslung macht Spaß

Abwechslung fördert die Konzentrationsfähigkeit. Auch diese Erfahrung haben Sie bestimmt schon selbst machen können. Wenn man immer das Gleiche oder Ähnliches macht, wird das mit der Zeit langweilig, Konzentration und Motivation nehmen kontinuierlich ab.

Wenn ein Schüler also erst einmal Vokabeln aufschreibt, danach eine Übersetzung anfertigt und anschließend noch einen Aufsatz schreibt, ist dies zum einen natürlich sehr anstrengend. Zum anderen ist es aber auch langweilig und die Lust am Lernen nimmt sehr viel schneller ab als bei einer abwechslungsreichen Abfolge von Aufgaben. Wenn mehrere mündliche Aufgaben aufeinanderfolgen, wird dies oft als noch ermüdender empfunden.

Die Ähnlichkeitshemmung

Dass ähnliche Lerninhalte so schwierig zu behalten sind, hat einen einfachen Grund: Ähnliche Lerninhalte sind schlecht auseinanderzuhalten und werden daher leicht verwechselt. Dies passiert bei ähnlichen Formeln, ähnlichen Begriffen oder Wörtern in der gleichen Sprache wie in verschiedenen Sprachen. Beispiele dafür sind die englischen Wörter *sun* und *son*, die Verben *to lay* und *to lie* oder das Wort *Kontrolleur*, das im Englischen *controller* und im Französischen *contrôleur* geschrieben wird.

Sicherlich fallen Ihnen selbst aufgrund Ihrer Erfahrungen beim Lernen noch andere Beispiele ein, die leicht zu Verwechslungen führen. Die Ursache dafür ist, dass bei der Verarbeitung im Gehirn die Speicherung von ähnlichen Inhalten nicht immer parallel verläuft, sondern möglicherweise auch „über Kreuz". Sie ist also in gewisser Weise „gestört". Auch deswegen ist es sinnvoll, abwechslungsreich zu lernen.

Schriftliches und Mündliches abwechseln

Wechseln Sie daher schriftlich und mündlich zu erledigende Hausaufgaben ab und achten Sie darauf, dass sich die Inhalte der Aufgaben ebenfalls unterscheiden. Das heißt, naturwissenschaftliche Fächer sollten sich mit sprachlichen abwechseln. Wenn Sie dann noch zwischendurch ein Flötenstück für Musik einzuüben hätten, wäre das sicherlich noch abwechslungsreicher und dabei zugleich entspannend.

Checkliste: Hausaufgaben

- Haben Sie die Aufgaben in Portionen aufgeteilt?
- Fangen Sie stets mit etwas Leichtem an?
- Haben Sie eine Reihenfolge festgelegt?
- Gestalten Sie die Aufgaben abwechslungsreich?
- Bearbeiten Sie abwechselnd schriftliche und mündliche Aufgaben?
- Wechseln Sie zwischen sprachlichen und naturwissenschaftlichen Fächern ab?

Übung 11:

Denken Sie noch einmal an Max und seine Hausaufgaben. Helfen Sie ihm dabei, eine sinnvolle Reihenfolge festzulegen, die nicht zu anstrengend ist und Abwechslung bietet!

In Englisch muss er Vokabeln lernen (mündlich) und außerdem eine schriftliche Übersetzung anfertigen. In Französisch muss er ebenfalls Vokabeln lernen, allerdings schriftlich, außerdem muss er einige Fragen zu einem Text – ebenfalls schriftlich – beantworten. In Biologie, seinem Lieblingsfach, muss er einen vierseitigen Text lesen und in Chemie ein Experiment, das im Unterricht durchgeführt wurde, schriftlich erläutern.

Schreiben Sie hier die Aufgaben in der von Ihnen vorgeschlagenen Reihenfolge auf!

1. _____

2. _____

3. _____

4. _____

5. _____

6. _____

Am Ende des ersten Kapitels sollten Sie sich noch einmal all das Neue, das Sie zum Thema Lernen und Konzentration erfahren haben, bewusst machen. Dabei soll Ihnen die folgende Checkliste helfen.

Checkliste: Konzentration steigern

- Konzentration bedeutet, seine Aufmerksamkeit ganz auf eine Sache zu richten.
- Für das Lernen und den Lernerfolg ist Konzentration unbedingt notwendig. Der Lernende kann dabei vielen Störungen ausgesetzt sein. So gibt es Störungen, die von innen kommen (Konflikte, Ängste etc.) und Störungen, die von außen auf uns einwirken (Lärm, Unordnung etc.).

- Um die Konzentration zu verbessern, sollten diese Störungen so weit wie möglich vermieden werden. Zu einer guten Konzentration trägt außerdem eine gesunde Lebensweise bei. Vollwertige, gesunde Ernährung und ausreichend Schlaf sind wichtig.
- Negativ auf die Konzentrationsfähigkeit wirkt es sich aus, wenn man versucht, unter Zeitdruck zu lernen.
- Positiv auf das Lernen wirkt sich eine angenehme Arbeitsatmosphäre aus.
- Der feste Arbeitsplatz muss einerseits freundlich und einladend gestaltet werden, andererseits sollte er zweckmäßig, ordentlich und vollständig eingerichtet sein.
- Die Beachtung bestimmter Lernmethoden verhilft ebenfalls zu einem leichteren Lernen.
- Der Einstieg beim Lernen sollte möglichst leicht sein, die Aufgaben sollten in Portionen aufgeteilt und dabei möglichst abwechslungsreich sein.

Und nun folgen erneut drei Übungen, mit denen Sie Ihre Konzentrationsfähigkeit trainieren können.

Übung 12:

Betrachten Sie die folgenden Figuren eine Minute lang und versuchen Sie, sich diese einzuprägen! Anschließend zeichnen Sie sie aus dem Gedächtnis! Vergleichen Sie am Ende Ihre Zeichnung kritisch mit der Vorlage.

Figur 1:

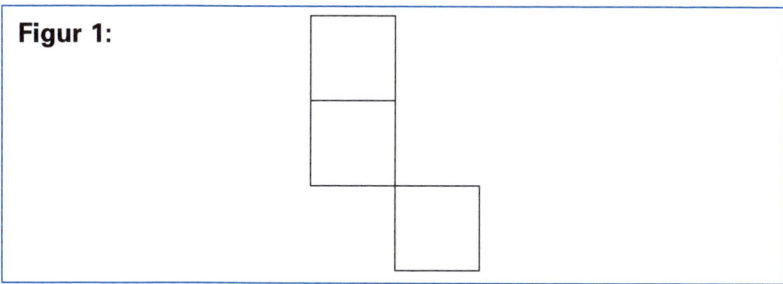

Figur 2:

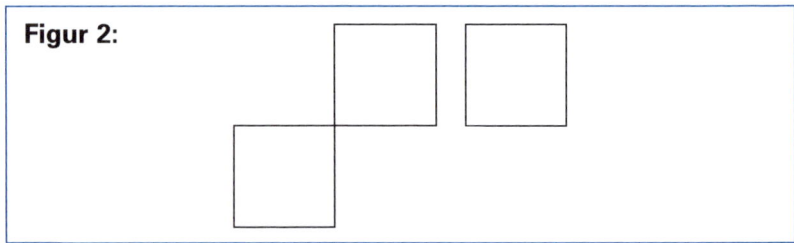

Übung 13:

Geben Sie an, wie viele Großbuchstaben in kleinen Figuren und wie viele Kleinbuchstaben in großen Figuren enthalten sind!

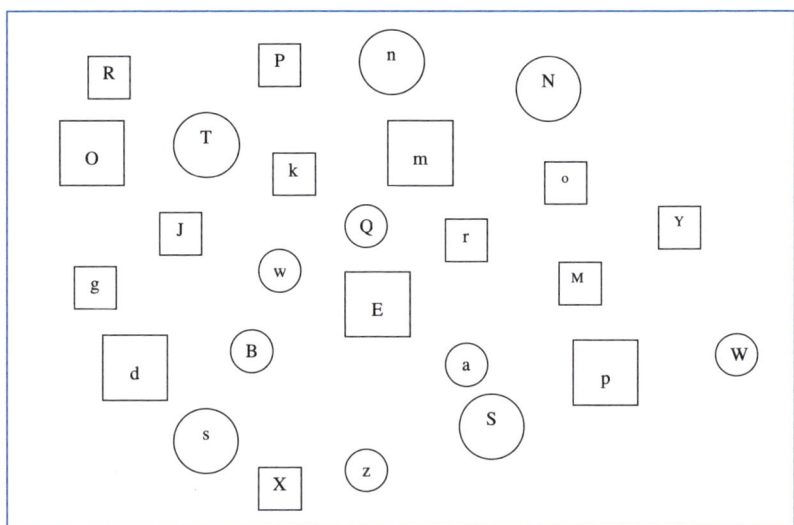

Übung 14:

Konzentrieren Sie sich und suchen Sie unter den folgenden Buchstaben diejenigen waagrechten Paare heraus, die im Alphabet aufeinanderfolgen – und zwar umgekehrt (*ba, nm, ih, yz* usw.)!

```
q  r  k  m  n  a  c  z  y  a  s  k  t  n  q  o  c  u  w
j  x  w  b  o  y  v  t  e  k  f  i  j  b  v  u  m  x  z  n
u  l  g  a  f  t  s  b  j  k  s  t  n  o  e  f  r  q  z  e  b
l  y  v  w  p  n  g  p  o  q  n  m  t  e  f  g  h  l  k  e
x  z  t  n  l  a  y  f  j  i  z  b  t  m  r  g  o  k  h  g  y
g  r  t  n  z  w  l  b  z  f  e  f  z  t  w  n  p  l  g  a
d  c  u  v  f  b  r  z  n  o  p  b  a  z  u  m  n  b  l
p  l  u  e  i  d  h  z  r  k  e  b  r  t  g  u  e  n  n  i  c
```

Nachdem Sie nun weitere Aufgaben zur Verbesserung Ihrer Konzentrationsfähigkeit bearbeitet haben, sollten Sie sich noch einmal vor Augen führen, was Sie in diesem Kapitel über Konzentration gelernt haben. Denn Wiederholung ist äußerst wichtig!

Konzentration bedeutet, seine Gedanken zu bündeln und auf eine einzige Sache zu richten. Wenn Sie damit Probleme haben, lässt sich Ihre Fähigkeit auf diesem Gebiet gezielt trainieren – die Übungen in und nach diesem Kapitel sollen Ihnen dabei helfen.

Konzentrationsstörungen können ihren Ursprung in Ihrer unmittelbaren Umgebung, aber auch in Ihnen selbst haben. Lärm und ein unordentlicher, schlecht ausgestatteter Arbeitsplatz sind äußere Störungen. Konflikte oder Ängste, die Ihnen Kopfzerbrechen bereiten, bezeichnet man als innere Störungen. Hinzu kommen weitere Ursachen, die die Konzentration erschweren, z. B. Schlafmangel, Zeitdruck oder falsche Ernährung. Konzentrationsfördernd und motivierend ist es, wenn man den Lernstoff in Portionen einteilt und Abwechslung hineinbringt – so kann keine Langeweile aufkommen.

Im folgenden Kapitel erfahren Sie, was Motivation ist und wie Sie diese gezielt fördern können. Zuvor jedoch können Sie sich mit zahlreichen Konzentrationsübungen einstimmen.

Übung 15: Buchstabensalat

Durchforsten Sie den Buchstabensalat und finden Sie die gesuchten Wörter! Die Wörter können in jede Richtung (also auch von rechts nach links oder von unten nach oben) gelesen werden. Beachten Sie: Auch diagonale Anordnungen sind möglich.

Die gesuchten Wörter sind:

ADEL, AKUT, ALTSTADT, AMEN, ANNA, ANPACKEN, APPELL, BIBO, BITS, BUEGEL, ECHT, EDAM, EINSTMALS, EROSION, FRIEDHOF, HURRA, INDUS, INGREDIENZ, IWAN, KEINE, LIANE, LIIEREN, MANNA, MARABU, MONN, MUELL, NEIDER, NEST, NEUERER, NUTE, OASE, OFEN, PFUI, PORIG, PROTEKTION, REEP, RESET, RUBRIK, SENAT, SNOB, STOSSEN, TARO, TETRA, TRIO, TRUPP, UNERWARTET, VERTIKALE, WARTE, WUNSCHBILD

I	U	F	P	A	P	R	O	T	E	K	T	I	O	N
E	N	I	E	K	H	M	T	M	O	N	N	N	B	J
L	E	G	E	U	B	A	R	A	M	E	N	A	I	L
A	R	I	R	T	N	D	S	B	R	F	F	W	B	B
K	W	R	N	E	U	E	R	E	R	O	S	I	O	N
I	A	O	S	S	D	L	I	B	H	C	S	N	U	W
T	R	P	I	E	T	I	T	D	A	T	S	T	L	A
R	T	P	N	R	L	M	E	A	P	P	E	L	L	N
E	E	U	D	H	T	I	A	N	P	A	C	K	E	N
V	T	R	U	B	R	I	K	L	Z	M	H	S	U	A
B	I	T	S	F	N	N	E	S	S	O	T	S	M	M

Übung 16: Fehlersuchbild

Der rechte Clown unterscheidet sich in sechs Punkten vom linken Clown. Finden Sie die Unterschiede?

Übung 17: Schüttelrätsel

Arsen – Dirne – Hunger – Fische – Perle – Anteil – Tinnef – Abende – Ampeln – Indra

Durch Umstellen der Buchstaben müssen neue sinnvolle Wörter gebildet werden, deren Anfangsbuchstaben die Schlusslösung ergeben!

_____

_____

_____

_____

Übung 18: Symbolpfad

Finden Sie den Weg von einem Stern zum nächsten! Sie dürfen dabei nicht diagonal gehen. Außerdem muss das nächste Feld, das Sie betreten dürfen, entweder das gleiche Symbol oder die gleiche Zahl aufweisen wie das Feld, auf dem Sie sich gerade befinden.

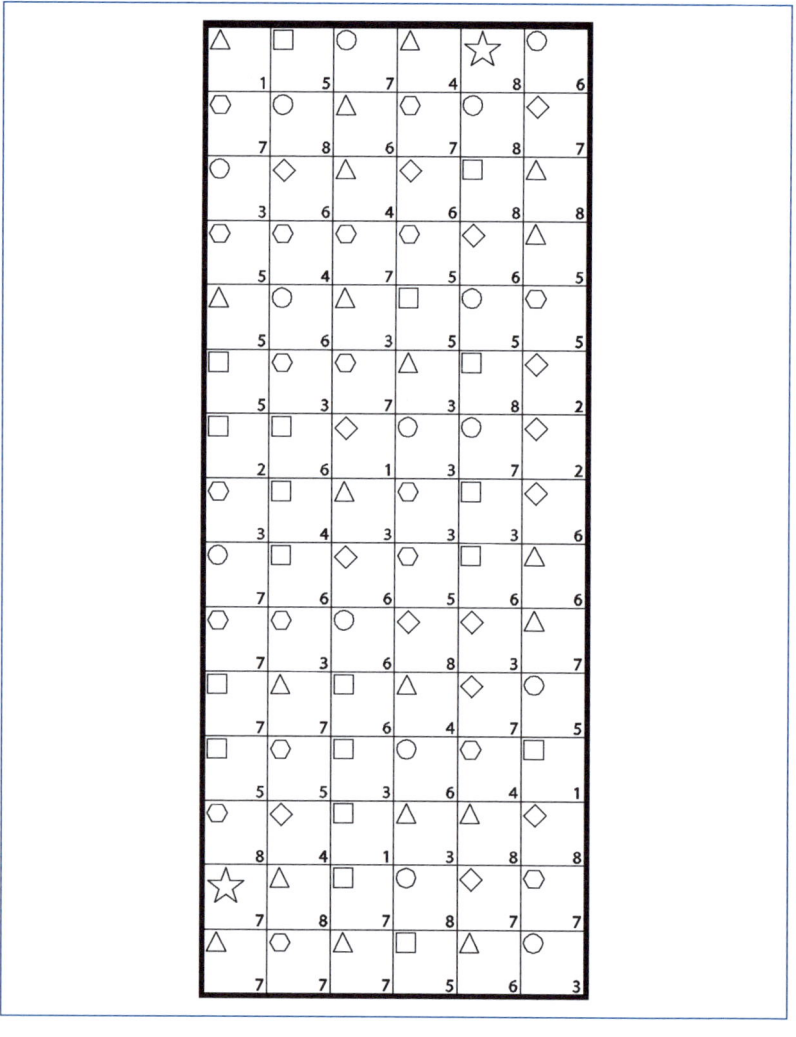

Übung 19: Atomium

Die neun Zahlen müssen so in das Dreieck eingesetzt werden, dass die Summe aller Zahlen einer Seite das am Eckpunkt angegebene Ergebnis ergibt!

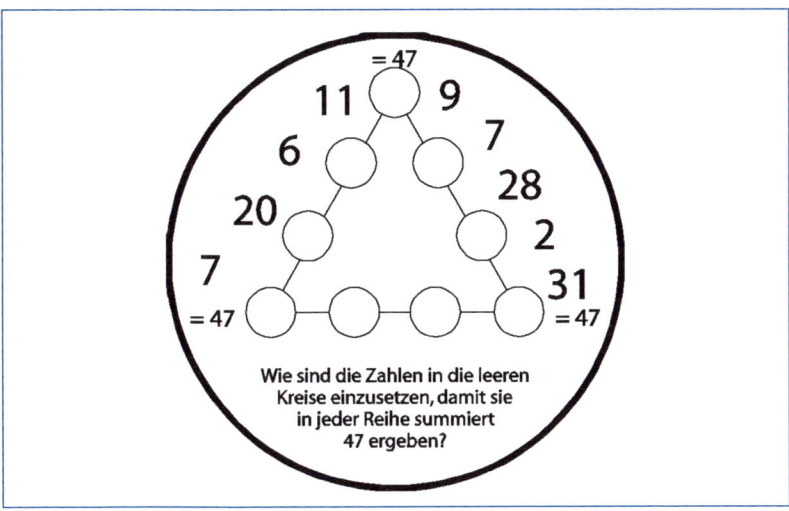

Übung 20: Würfelspiel

Aus wie vielen Würfeln ist diese Figur aufgebaut?

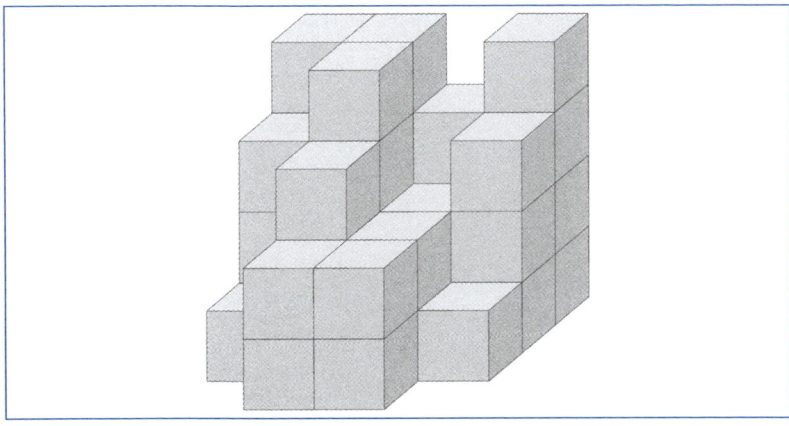

Übung 21: Sudoku

Füllen Sie das Gitter so, dass die Ziffern 1 bis 8 in einer Spalte, in einer Reihe und in einem dick umrandeten Feld nur einmal vorkommen!

				5		3	
6	3	7	5	8	4		
	2	3	1		6		8
4			7			1	3
1	5		4	3			7
8		6		1	2		
		1	2	6	3	4	5
	4		6		1		2

Übung 22: Streichholz

Wie viele Streichhölzer müssen wie umgelegt werden, damit zwei Dreiecke entstehen?

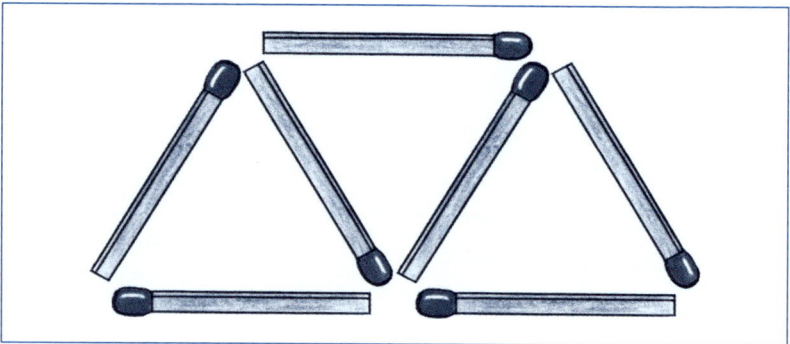

Übung 23: Blindfeldsuche

Dieses Buchstabenfeld ist ein normales Kreuzworträtsel. Die Trennfelder sind allerdings durch Buchstaben verschleiert. Finden Sie die unten angegebenen Wörter und Sie finden die Position der Trennfelder heraus!

Aus den in den Trennfeldern stehenden Buchstaben ergibt sich, zeilenweise von oben nach unten gelesen, ein Zitat von John F. Kennedy. Die Wörter sind:

ABT, ALE, ALTMATERIAL, BARACKE, BIT, CAR, CER, ELI, EMBARGO, ERN, GAG, GEEST, GILET, GUANO, INTEGER, MET, MUEHSAM, REH, ROMANZE, RUINE, TALAR, TANGO, TAT, TAUBE, THE, TOCHTER, TOURIST, TROCKEN, UNZEN, ZIMMERDECKE

G	A	G	E	B	A	R	A	C	K	E	S	T	A	T
I	G	U	I	I	B	T	B	N	U	L	R	A	E	A
L	I	A	L	T	M	A	T	E	R	I	A	L	N	N
E	S	N	W	A	U	S	A	U	O	F	D	A	A	G
T	R	O	C	K	E	N	U	E	M	B	A	R	G	O
E	R	T	E	E	H	U	R	E	A	R	L	I	S	T
T	O	U	R	I	S	T	A	I	N	T	E	G	E	R
A	L	N	S	B	A	I	L	D	Z	U	N	E	G	U
U	K	Z	I	M	M	E	R	D	E	C	K	E	E	I
B	I	E	N	E	E	B	E	I	L	A	D	S	U	N
E	R	N	N	T	O	C	H	T	E	R	G	T	H	E

Das gesuchte Zitat lautet:

_____

Übung 24: Symbolpfad

Finden Sie den Weg von einem Stern zum nächsten! Sie dürfen dabei nicht diagonal gehen. Außerdem muss das nächste Feld, das Sie betreten dürfen, entweder das gleiche Symbol oder die gleiche Zahl aufweisen wie das Feld, auf dem Sie sich gerade befinden.

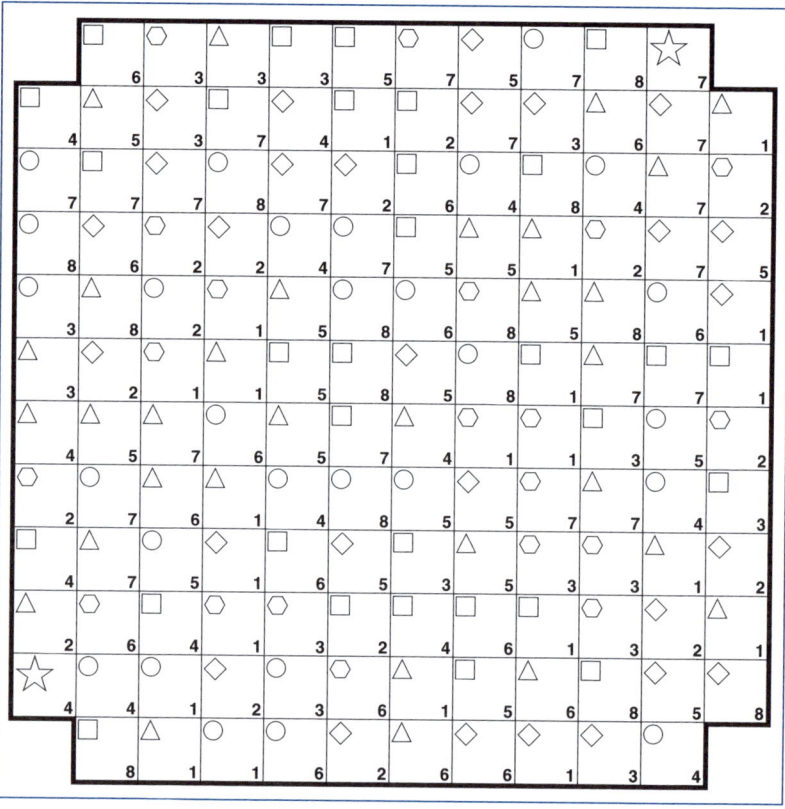

Tipp

Verwenden Sie zum Lösen der Aufgabe am besten einen Bleistift. So können Sie falsch gewählte Wege rasch korrigieren!

Übung 25: Räumlich sehen

Sie können diesen dargestellten Würfel auf zwei verschiedene Arten sehen, je nachdem, welches der beiden Quadrate Sie als das „vordere" definieren. Versuchen Sie, beide Versionen zu sehen, und wechseln Sie dann mehrmals (möglichst rasch) zwischen beiden Möglichkeiten hin und her!

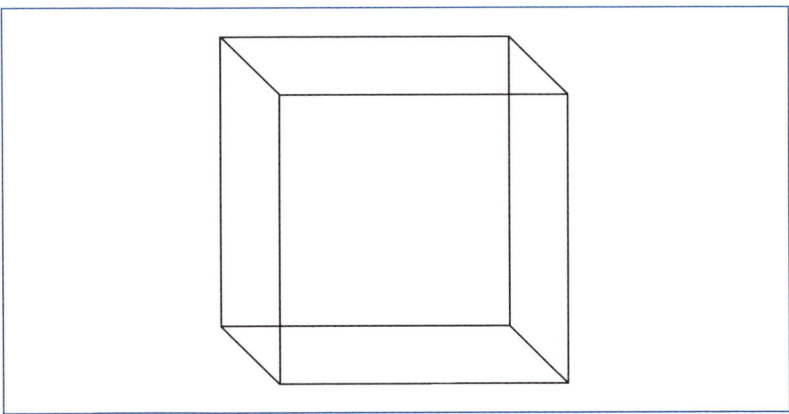

Übung 26: Optische Zählübung

In dieser Illustration sehen Sie eine ganze Reihe von Dreiecken. Zählen Sie die Dreiecke, ohne sie mit einem Stift zu markieren! Wie viele sind es?

Übung 27: Buchstaben finden

Finden Sie unter den folgenden Buchstaben alle *m, n, u, v* und *w* heraus! Wie viele sind es?

```
r j k l g h i j a b c m n o p q r s t u v w x y z d e d e f
g h i f g h i j k s t u v w x y e f g h i m j k l q j k l q k
j k l q r s t u v w x y z d e f g h i j k l m n o p q r s t u
v w x y z d e p q r s t u v w x y z d e f g h i j a b c m
x z d e f g h i j k l m n n o p q r s t u v w x y z d w x
y z d e f g h i j a b c m n o p q r f g h i j a b c m n o p
q r s t u v w x y z d e f g h i j k j k l q r s t u v w x y z
d e f g h i j k l m n o p q r s t u e f r s t u v w x y z d
e f g h i j k l m n o p q r s t u v v w o s t u v w x y z d
e f g h i l m n o p q r s t u v w x y z d y z p q y z r s
```

Übung 28: Linien verfolgen

Folgen Sie mit den Augen (nicht mit dem Finger!) den Linien und finden Sie zu jedem Buchstaben die dazugehörige Zahl! Notieren Sie das Ergebnis. Überprüfen Sie Ihr Ergebnis anschließend, indem Sie die Linien mit einem Finger nachfahren.

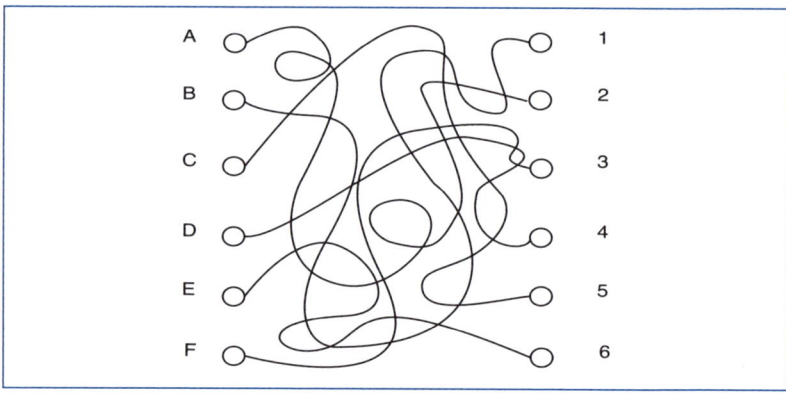

Übung 29: Go-Übung

Welches dieser drei 9er-Muster ist auf dem großen Feld enthalten? Passen Sie auf: Unter Umständen muss die Vorlage im Kopf gedreht werden, damit sie ins große Feld passt!

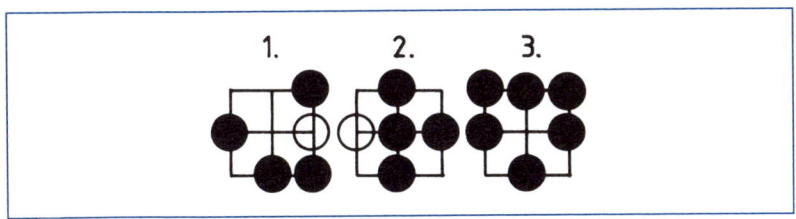

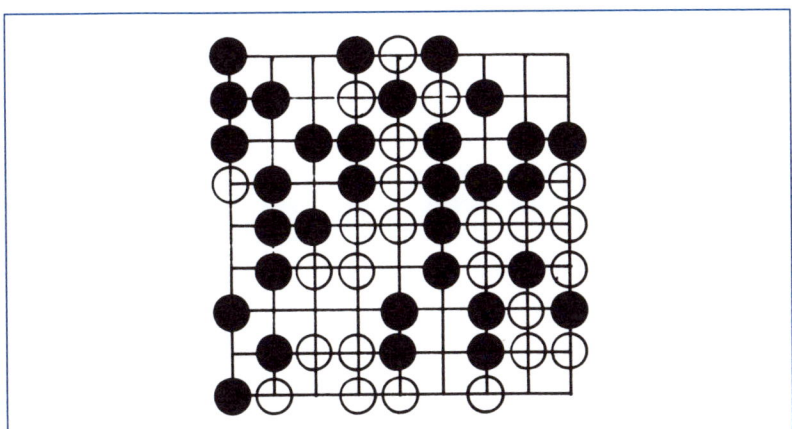

Übung 30: Buchstabenrätsel

Welcher Buchstabe fehlt? Der fehlende Buchstabe muss die Reihe logisch fortsetzen.

A	C	B	D	C	?

Lösung: _____

2. Motivation

Motivation ist für die Konzentrationsfähigkeit und den Lernerfolg unerlässlich. Daher erfahren Sie in diesem Kapitel alles über Motivation und darüber, wie sie beim Konzentrieren hilft. Die Frage, was genau Motivation ist, wird genauso beantwortet wie die Frage, wie Sie Ihre Motivation steigern können.

2.1 Was ist Motivation?

Warum lesen Sie im Moment gerade dieses Buch und machen nicht etwas anderes mit Ihrer Freizeit? Was hat Sie dazu gebracht, was ist der Grund dafür? Möglicherweise haben Ihre Eltern Ihnen das Buch mitgebracht, weil sie glauben, dass Sie etwas mehr für die Schule tun und sich durch professionelle Tipps beim Lernen unterstützen lassen sollten. Vielleicht hat Ihnen Ihr Lehrer empfohlen, sich einen Lerntrainer wie diesen zuzulegen. Vielleicht sind Sie aber auch mehr oder weniger zufällig in einer Buchhandlung darauf gestoßen und haben gedacht: „Das könnte mir nicht schaden."

Wie auch immer, es gibt einen bestimmten Grund dafür – oft sogar mehrere, die zusammenwirken –, dass Sie dieses Buch lesen und vor allem nicht nach den ersten Seiten wieder damit aufgehört haben. Dieser eigentliche Grund – Ihr Motiv – wirkt als Antriebskraft beim Lesen dieses Buches. Statt Motiv kann man auch Motivation sagen. Motivation meint die Gesamtheit der einzelnen Motive oder Gründe, eine bestimmte Sache zu tun. Die Gründe wiederum sind das, was Sie sich als positive Folge Ihres Handelns erhoffen.

Es sind nicht die zufälligen Gründe, die uns hier interessieren. Wenn Sie beispielsweise zufällig in einer Buchhandlung auf das Buch gestoßen wären, hätte dies noch nicht als Grund ausgereicht, das Buch zu kaufen. Es musste noch etwas anderes dazukommen – nämlich der Wille, etwas zu verändern und Ihre Lernsituation zu verbessern. Im anderen Falle hätten Sie das Buch wieder zurück ins Regal gestellt.

Der eigentliche Grund dafür, dass Sie das Buch lesen, ist also wohl auch nicht der, dass Ihre Eltern es Ihnen gekauft haben und nun wünschen, dass Sie es lesen. Natürlich spielt dies auch eine Rolle, z. B., weil Sie es ja sonst eventuell gar nicht hätten oder weil Sie Ihren Eltern einen Gefallen tun wollen. Vielleicht lesen Sie dieses Buch aber auch, weil Sie hoffen, dass Ihre Eltern Ihnen im Gegenzug ebenfalls einen Gefallen tun und erlauben, dass Sie mit Ihrem Freund auf dieses teure Rockkonzert gehen. Wenn dies so wäre, wären Sie aber vielleicht nicht bis zum zweiten Kapitel gekommen, denn Ihre Motivation hätte vermutlich stark nachgelassen.

Nein, der eigentliche Grund für Sie, dieses Buch zu lesen, ist der, dass Sie sich davon eine positive Auswirkung auf Ihren Lernerfolg erhoffen. Und wenn dies so ist, dann sind Sie wirklich motiviert zum Lesen und werden sich den Inhalt auch weitgehend einprägen.

Motivation ist für den Lernerfolg sehr wichtig, sie ist sogar grundlegend, denn viele Lernprobleme sind in erster Linie Motivationsprobleme. Wenn man also nur in die Schule, Universität oder Arbeit geht, weil man es eben muss, dann kann man nicht wirklich von Motivation sprechen. Wer aber motiviert ist und tatsächlich lernen will, wird es viel leichter haben als derjenige, der sich nur mit Widerwillen an seinen Schreibtisch setzt und irgendetwas in sich hineinpaukt.

Primäre und sekundäre Motivation

Die Motivationspsychologie unterscheidet zwei Arten von Motivation: die primäre und die sekundäre Motivation:

Primäre (sachbezogene) Motivation
Die primäre Motivation richtet sich auf die Sache selbst. Das bedeutet, dass der Lernende lernt, weil er Spaß am Lernen hat, weil er wissbegierig ist und weil ihn das Thema interessiert, das er bearbeitet.

Sekundäre (sachfremde) Motivation
Die sekundäre Motivation hingegen bezieht sich auf etwas, das mit dem Lerninhalt selbst überhaupt nichts zu tun hat, das man sich aber erhofft, wenn man brav gelernt hat. Ein nur sekundär motivierter Schüler lernt etwa, weil er fürchtet, schlechte Noten zu erhalten und ein Schuljahr wiederholen zu müssen, oder weil ihm der Vater versprochen hat, dann mit ihm ins Fußballstadion zu gehen. Um die Sache selbst (das Lernen bzw. den Lernstoff) geht es ihm nicht; er will lediglich etwas Unangenehmes vermeiden oder etwas Angenehmes erreichen. Vielleicht lernt er auch, weil bei guten Noten Belohnungen in Form von Geld oder Geschenken locken.

Also: Wenn Sie dieses Buch nur lesen würden, weil Sie dann die Karte für das Rockkonzert bekämen, wäre das ein Fall von sekundärer Motivation. Es ginge um das Rockkonzert und nicht darum, zu erfahren, wie Sie leichter lernen können.

Wenn Sie dieses Buch aber lesen, weil Sie erfahren wollen, wie Sie besser lernen, und weil Sie wissbegierig sind, dann sind Sie primär motiviert. Und wenn Sie während des Lesens Spaß daran haben, mehr und mehr zu erfahren und zu lernen, dann ist das optimal!

Sachbezogen lernen macht Spaß

Für jeden Menschen ist es angenehmer, wenn er Dinge tut, die ihm Spaß machen, zu denen er primär motiviert ist. Auch das Lernen fällt dem Lernenden leichter, wenn er es gerne ausführt.

Hinzu kommt, dass Informationen, für die man sich interessiert, leichter aufgenommen werden und länger in Erinnerung bleiben.

Freude am Lernen und Interesse am Lernstoff sind also grundlegende Voraussetzungen für erfolgreiches Lernen. Ziel dieses Lerntrainers ist es daher, dass Sie durch die Kenntnis besserer Lern- und Konzentrationsmethoden sowie durch das Erlernen von Techniken zur Steigerung der Motivation wieder Spaß am Lernen finden.

Tipp

Stellen Sie sich doch einmal vor, Sie müssten – ja, Sie dürften – nicht lernen, wüssten nichts von Mathematik, hätten keine Ahnung von Biologie, von der Geschichte des Menschen, von Physik oder von Naturgesetzen. Sie könnten sich kaum auf Deutsch unterhalten, schon gar nicht auf Englisch. Musik, Kunst, Philosophie – keine Ahnung! So ein Leben wäre ziemlich inhaltsarm und damit ganz schön langweilig, oder?

2.2 Die Motivation steigern

Wer seine Motivation erhöhen möchte, sollte sich zunächst Gedanken über seine Ziele machen und sich darüber klar werden, was er in der Zukunft erreichen will, warum er also lernt. Dazu gehört auch die Überlegung, wie ein bestimmtes Ziel (Schulabschluss, Abschluss der Ausbildung, Erlangung eines akademischen Grades) zu erreichen ist.

Übung 31:

Nehmen Sie sich etwas Zeit und überlegen Sie, was Sie erreichen wollen. Tragen Sie die Antworten in die jeweilige Leerzeile ein!

Was will ich später einmal werden (Berufswunsch)?

_____

Welchen Abschluss und welchen Notendurchschnitt
brauche ich dafür?

_____

Was will ich in den nächsten drei Jahren erreichen?

_____

Was will ich im nächsten Jahr erreichen?

_____

Was will ich in diesem Halbjahr/Semester erreichen?
Welchen Notendurchschnitt strebe ich an?

_____

Was will ich im nächsten Monat erreichen?

_____

Was will ich in der nächsten Woche erreichen?

_____

Was will ich in den nächsten Tagen erreichen?

_____

Was will ich morgen erreichen?

_____

Was will ich heute erreichen?

_____

Übung 32:

Versuchen Sie, sich auch mit der Beantwortung der folgenden Fragen über Ihre Ziele und den Weg zu diesen klarer zu werden!

Was will ich erreichen?

_____

Wie kann ich mein Ziel erreichen?

_____

Welche Hindernisse sind möglicherweise vorhanden?

_____

Wie kann ich die Hindernisse beseitigen?

_____

_____

Wer aus meiner Umgebung kann mir helfen, mein Ziel zu erreichen?

_____

Wie kann er mir helfen?

_____

Bis wann will ich mein Ziel erreicht haben?

_____

Woran merke ich, dass ich mein Ziel erreicht habe?

_____

In welcher Situation werde ich das merken?

_____

Wie werde ich mich dann fühlen?

_____

Welchen konkreten Nutzen habe ich, wenn ich mein Ziel erreicht habe?

_____

Gibt es auch Nachteile?

_____

> Habe ich (von diesem Ziel abgesehen) noch andere Alternativen?
>
> _____

Mit einem festen Ziel vor Augen ist es auf jeden Fall einfacher, die Dinge, die zum Erreichen des Zieles notwendig sind – also das Lernen –, anzugehen und durchzuhalten.

Ziele finden und setzen

Möglicherweise sind Sie deswegen nicht motiviert, zu lernen, weil Sie angeblich sowieso nicht wissen, wofür. Wenn Sie nicht wissen, was Sie beruflich machen wollen, nehmen Sie sich als nächstes Ziel doch zunächst einmal vor, eine Berufsberatungsstelle aufzusuchen und sich dort über verschiedene Berufe zu informieren. Das wäre doch ein Anfang!

Ausbildung und Beruf sind für Sie noch gar nicht richtig aktuell und liegen in weiter Ferne? Natürlich möchten Sie einen guten Schulabschluss machen, doch das hat noch Zeit. Die sogenannten Fernziele sind sicherlich wichtig, aber sie können uns nicht tagtäglich immer wieder zu Höchstleistungen anspornen.

Nahziele versprechen Erfolg

Daher sind Ziele, die zeitlich in greifbarer Nähe liegen, sogenannte Nahziele (= Zwischenziele), besonders wichtig. Denn gerade diese Ziele, die innerhalb weniger Wochen oder Tage, ja vielleicht sogar noch heute, erreicht werden können, motivieren uns besonders – weil wir sie relativ schnell erlangen und dadurch auf ein konkretes Erfolgserlebnis hoffen können.

Und damit das Erfolgserlebnis sich auch sicher einstellt, sollten die Zwischenziele, die man sich selbst steckt, auch nicht zu hoch und somit unerreichbar sein. Denn dann würde genau das passieren, was mit Sicherheit nicht motivationsfördernd wirkt: Das Ziel wird nicht erreicht und die Frustration ist groß!

Realistische Ziele setzen

Um das zu verhindern, dürfen Sie Ihre Ziele nicht zu hoch stecken, sondern müssen immer realistisch bleiben. Nehmen wir einmal an, Sie hatten im letzten Halbjahreszeugnis eine (knappe) Vier in Französisch und die erste Arbeit in diesem Halbjahr war leider mangelhaft. Sie sind nun überzeugt, etwas dagegen unternehmen zu müssen, und nehmen sich vor: „Die nächste Arbeit muss auf jeden Fall eine Zwei werden!" Bis zum Klausurtermin sind es nur noch zwei Wochen und Ihr Grundwissen ist nicht das beste. Wenn Sie nun jeden Tag pauken und am Ende doch nur eine gute Vier schaffen, werden Sie mit Sicherheit frustriert und für die nächsten Tage demotiviert sein: Wofür lernt man schließlich, wenn es dann doch nicht klappt!?

Angesichts der kurzen Zeit und der Lücken, die Sie inzwischen in diesem Fach haben, konnten Sie aber eigentlich gar nicht mehr erwarten. Sie hätten dies von vornherein realistisch betrachten und sich kleinere Ziele setzen müssen, indem Sie sich vorgenommen hätten: „Erst einmal eine glatte oder gute Vier, in der nächsten Arbeit dann eine Drei ..." In diesem Fall wären Sie mit der guten Vier ganz zufrieden gewesen und Ihrem Ziel ein kleines Stück näher gekommen. Vor allem aber: Sie wären motiviert, weiterzumachen.

Genauso wenig Sinn hat es, wenn Sie ein umfangreiches Referat innerhalb einer Woche fertigstellen wollen. Auch dieses Ziel ist zu hoch gegriffen. Im nächsten Kapitel wird auf eine sinnvolle Zeiteinteilung noch intensiver eingegangen.

Tipp

Teilen Sie Ihre Arbeit in Portionen auf und setzen Sie sich damit Teilziele. So kommen Sie zu vielen kleinen Erfolgserlebnissen, die Ihre Motivation immer wieder ankurbeln können. Prägen Sie sich die unten stehende Zeichnung gut ein und machen Sie die folgenden Worte zu Ihrem Leitspruch:

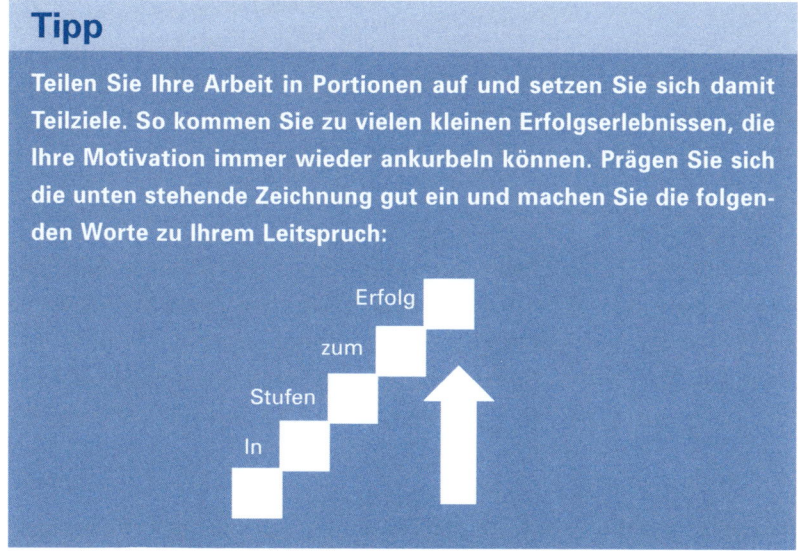

Allerdings dürfen Sie auch nicht zu wenig von sich verlangen, denn ein bisschen Herausforderung sollte schon dabei sein. Die Aufgaben, die Sie sich stellen, dürfen folglich auch nicht zu leicht sein und der Zeitrahmen sollte nicht zu locker gesteckt werden.

Tipp

Wählen Sie bei Ihrer Zielsetzung also immer einen mittleren Schwierigkeitsgrad, sodass Sie sich schon anstrengen müssen, aber das Erreichen Ihres Zieles und damit Ihr Erfolg auch möglich sind. Und merken Sie sich: Erfolgserlebnisse wirken als Belohnung und die Lust am Weitermachen steigt durch sie gewaltig an.

Damit der Erfolg aber auch wirklich diesen Effekt hat, muss er möglichst unmittelbar nach dem Lernvorgang eintreten. Dazu ist es notwendig, dass der Lernerfolg regelmäßig kontrolliert wird. Und auf jeden Erfolg sollte eine Belohnung folgen.

Erfolge kontrollieren und festhalten

Nach jedem Abschnitt, den Sie gelernt haben, sollten Sie Ihren Erfolg überprüfen (und erst dann die Unterlagen mit einem zufriedenen und glücklichen Gefühl von Ihrem Schreibtisch wegräumen).

Um sich den Erfolg nach jedem Teilziel auch wirklich bewusst zu machen, ist es am besten, wenn Sie Ihre Ziele und Erfolge nicht nur gedanklich festhalten, sondern auch schriftlich auf Papier aufzeichnen. Schreiben Sie auf, was Sie erreichen wollen, und notieren Sie anschließend, was Sie schon erreicht haben!

Bezogen auf das obige Beispiel von der Fünf in Französisch bedeutet dies Folgendes: Erstellen Sie sich einen Plan darüber, welche Teilziele und welches Endziel Sie in Bezug auf das Fach erreichen möchten. Achten Sie dabei besonders darauf, dass Sie sich realistische Ziele setzen, die Sie auch wirklich einhalten können.

Jedes Mal, wenn Sie eine Stufe Ihres Erfolgsplans erreicht haben, zeichnen Sie in die Spalte „Erfolgskontrolle" einen Smiley oder machen einen Haken!

Der Plan hat neben der klaren Zielvorgabe und der direkten Erfolgskontrolle eines einzelnen Zieles auch den Vorteil, dass Sie jederzeit gut überprüfen können, wie Sie Schritt für Schritt Ihrem Endziel immer näher kommen. Somit können Sie sich einerseits selbst kontrollieren und andererseits ziemlich gut einschätzen, wie viel Arbeit noch vor Ihnen liegt. Darüber hinaus können Sie auf einen Blick feststellen, wie viel Sie bereits geschafft haben. Einen solchen Plan können Sie natürlich genauso gut für eine Woche aufstellen, in der Sie sehr viel zu tun haben.

Tipp

Sie können einen Plan auch für einen Tag aufstellen. Und dieser Plan kann sogar nur aus einem Vorsatz bestehen: „Heute lese ich das Kapitel ‚Methoden' zu Ende!" Schreiben Sie diesen Vorsatz auf einen Zettel und befestigen Sie diesen z. B. über Ihrem Bett. Bevor Sie abends schlafen gehen, können Sie das erreichte Ziel dann zufrieden abhaken.

Ziel- bzw. Erfolgsplan

Fach: Französisch (Note 5)	Ziele	Zeitvorgabe	Erfolgskontrolle
Fernziel	Note 3	nächstes Jahreszeugnis	
1. Teilziel	Hausaufgaben stets ordentlich erledigen	von heute an	
2. Teilziel	sich mehr am Unterricht beteiligen	ab der nächsten Unterrichtsstunde	
3. Teilziel	nächste Arbeit: Note 4	4 Wochen	
4. Teilziel	darauffolgende Arbeit: Note 3	10 Wochen	
5. Teilziel	Note Halbjahreszeugnis: gute 4	4 Monate	
6. Teilziel = Endziel	Jahreszeugnis: Note 3!	10 Monate (Jahreszeugnis)	

> **Tipp**
>
> Wenn Sie einmal ein selbst gesetztes Ziel nicht erreicht haben soll-
> ten, dann seien Sie nicht zu sehr frustriert. In diesem Fall ver-
> schiebt sich Ihr Plan eben um einen Tag oder eine Woche. Sie müs-
> sen diesen Plan allerdings schon ordentlich korrigieren, damit Sie
> erneut eine feste Vorgabe haben, nach der Sie sich richten können.

Überprüfung

Versuchen Sie, sich zu erklären, warum es nicht geklappt hat.
Vielleicht wurden Sie zu oft gestört, um wirklich intensiv zu
arbeiten. Waren Sie erkältet, dann ist es kein Wunder, oder hatten Sie sich einfach zu viel zugemutet? Sie sollten dann Ihren
Plan noch einmal daraufhin überprüfen, ob er wirklich realistische Ziele und Zeitvorgaben enthält.

Sollte es allerdings an Bequemlichkeit oder Faulheit gelegen
haben, dann denken Sie noch einmal intensiv darüber nach,
was Sie erreichen wollen: heute und in Zukunft.

Ein Lernvertrag mit sich selbst

Kommen Sie zu dem Schluss, dass es sich für Sie wirklich
lohnt, zu lernen, dann halten Sie diesen Vorsatz noch einmal
schriftlich fest – genauso, wie Sie es mit Ihren Ziel- und Erfolgs-
plänen machen.

Oft ist es ja so, dass man sich etwas vornimmt, aber nach einer
bestimmten Zeit eben doch wieder in alte, schlechte Gewohnheiten verfällt und der Vorsatz ganz weit wegrückt. Da kann es
durchaus hilfreich sein, wenn man die eigenen Vorsätze von
Zeit zu Zeit schwarz auf weiß geschrieben sieht und sie noch
einmal nachlesen und sich bewusst machen kann.

Um Ihrem Lernvorsatz einen offiziellen Charakter zu verleihen, können Sie ihn in Form eines Vertrags formulieren. Diesen versehen Sie ganz offiziell mit Datum und Ihrer Unterschrift, beispielsweise folgendermaßen:

Lernvertrag

Ich, Rolf Lernegern, will ab morgen regelmäßig lernen. Ich werde lernen, weil ich jetzt und in meiner Zukunft etwas erreichen will. Ich will und werde lernen, weil ich etwas über die Welt und die Menschen erfahren will.

Motivationshausen, 01.02.2009

Rolf Lernegern

Diesen Vertrag in Papierform bewahren Sie so auf, dass Sie ihn möglichst täglich mehrmals ansehen können. Die Formulierung von Rolf ist natürlich nur ein Beispiel. Formulieren Sie Ihren Lernvertrag so, wie Sie es für richtig halten. Beachten Sie aber dabei folgende Vorgaben:

- Alle Vorsätze werden in der Ich-Form geschrieben.
- Die Sätze werden verbindlich formuliert: „Ich will ...", „Ich werde ..." etc.
- Es gibt keinen Satz mit „vielleicht" oder „aber".

Sie können auch Teilziele in den Vertrag aufnehmen, wie beispielsweise die Drei in Französisch. Sie sollten aber auch diese Teilziele immer daraufhin kontrollieren, ob sie realistisch sind.

Ihr Lernvertrag ist Ihr Vertrag, das heißt, kein anderer muss diesen sehen, weder Ihre Eltern noch Ihre Geschwister oder

Freunde, wenn Sie das nicht möchten. Wenn man sich selbst motivieren möchte, ist es nämlich nicht angebracht, sich Sprüche wie „Na, ob das klappt?" oder „Solche Tricks habe ich ja nicht nötig!" anzuhören.

Tipp

Wenn Sie täglich mit Ihrem Vorsatz in Form des Lernvertrags konfrontiert werden, wird es Ihnen leichterfallen, entsprechend zu handeln, und es wird Ihnen schwererfallen, den Vertrag und Ihre Vorsätze zu brechen.

Belohnungen bei Erfolg

Sie haben es bereits gelesen: Allein mit der täglichen Kontrolle Ihrer Ziele und Erfolge und den daraus resultierenden Erfolgserlebnissen belohnen Sie sich jedes Mal ein wenig. Natürlich kann man sich zusätzlich auch noch anders belohnen: Legen Sie beispielsweise nach einer intensiven Lernphase eine Pause mit einer guten Tasse Tee und Ihrem Lieblingskuchen ein, um anschließend gestärkt und mit guter Laune weiterzuarbeiten.

Belohnen Sie sich außerdem so, dass Sie für die Zeit nach dem Lernen angenehme Aktivitäten planen. Damit können Sie ganz geschickt Ablenkungen zu Belohnungen umformen. Jeder Mensch hat nicht nur ein Motiv oder einen Beweggrund, der ihn veranlasst, etwas Bestimmtes zu tun. Meistens gibt es eine Vielzahl von Beweggründen, die uns zum Handeln veranlassen. Und diese Beweggründe können sich durchaus auch gegenseitig im Wege stehen und verschiedene Ziele haben.

So müsste Luisa unbedingt für die nächste Englischarbeit lernen. Ausgerechnet heute ist es aber richtig heiß und all ihre Freundinnen treffen sich im Freibad. Am liebsten würde sie das

Üben für die Arbeit einfach auf den nächsten Tag verschieben, obwohl sie weiß, dass sie dann nicht mehr genügend Zeit haben wird, alle Lektionen noch einmal durchzugehen. Was ist also zu tun?

Am besten wäre es in diesem Fall für Luisa, einen Mittelweg zu gehen. Nicht zu lernen, wäre äußerst unvernünftig. Nicht ins Freibad zu gehen, würde aber vielleicht großen Frust bei ihr auslösen. Wahrscheinlich würde sie dann doch nur die halbe Zeit daran denken, wie ihre Freundinnen sich im Freibad in der Sonne aalen. Der Lernerfolg wäre dadurch mit Sicherheit beeinträchtigt.

Ein sinnvoller Kompromiss wäre es hingegen, wenn sie zuerst zwei Drittel der Englischaufgaben, die sie sich vorgenommen hat, bearbeitet, um daraufhin als Belohnung mit ihren Freundinnen schwimmen zu gehen. Das restliche Drittel der Übungsaufgaben könnte sie dann nach dem Besuch des Freibads oder am nächsten Tag erledigen. Damit hätte sie ein ursprünglich ablenkendes Motiv (das Schwimmen) zu einer Belohnung umgeformt. Aus diesem Grund könnte sie sich nun ruhigen Gewissens auf die verbleibenden Aufgaben konzentrieren.

Tipp

Sie möchten unbedingt einen bestimmten Film, der schon lange nicht mehr gelaufen ist, im Fernsehen sehen und dies hält sie davon ab, zu lernen? Vielleicht können Sie ihn auf Video oder DVD aufzeichnen und nach dem Lernen zur Belohnung anschauen. Wenn Sie selbst kein Gerät haben, können Sie einen Freund darum bitten.

Wenn man es schafft, ablenkende Motive zu Belohnungen umzuformen, hat man zwei Fliegen mit einer Klappe geschlagen: Zum einen schalten Sie einen wesentlichen Störfaktor aus, zum anderen können Sie sich mit angenehmen Dingen belohnen und damit einen Anreiz zum Lernen schaffen. Dabei gibt es verschiedene Arten von Belohnungen. Manche Lerner belohnen sich erst, nachdem die Arbeit geschrieben und somit der Lernprozess definitiv abgeschlossen ist. Denn nun kann man ganz gelassen sein und die Belohnung vollends genießen.

Von diesen positiven Effekten einmal ganz abgesehen, tun Sie sich selbst einfach etwas Gutes, und das steigert insgesamt Ihr Wohlbefinden, Ihre Zufriedenheit und macht Sie so leistungsfähiger.

Tipp

Eine Warnung sei an dieser Stelle aber doch noch ausgesprochen: Geben Sie acht, dass die angestrebte Belohnung nicht selbst wieder zu einer Ablenkung wird! Wenn Luisa nun die ganze Zeit immer nur dächte „Juhu, gleich gehe ich schwimmen!", wäre das sicherlich ebenso ablenkend und störend, wie wenn sie sich permanent darüber ärgerte, bei schönstem Sommerwetter an ihrem Schreibtisch sitzen zu müssen. Die Belohnung soll immer nur als Mittel zum Erreichen des eigentlichen Zieles, das heißt als Mittel zum Lernen, eingesetzt werden. Sie darf nicht selbst zum Ziel werden.

Finden Sie nicht auch, dass es nach so viel Lesestoff an der Zeit wäre, sich etwas für Ihren Eifer zu belohnen? Dann könnten sie gleich einmal testen, was sich für Sie gut als Belohnung eignen würde. Vielleicht eine Tasse Tee mit einem leckeren Stück Kuchen? Vielleicht ein Spaziergang an der frischen Luft oder einfach nur ein wenig Entspannung, z. B. ein kleiner Mittagsschlaf oder ein Erholungsbad, um neue Kräfte zu sammeln. Probieren Sie es doch einfach einmal aus! Wie lang Ihre Pause ist, hängt von Ihrer Selbsteinschätzung ab.

Nach dieser hoffentlich angenehmen Pause kann es nun weitergehen. Bevor Sie sich aber mit einem neuen Unterabschnitt beschäftigen, sollen Sie zunächst noch einmal eine Konzentrationsübung ausführen, um Ihre Aufmerksamkeit erneut zu bündeln.

Übung 33:

Im Folgenden finden Sie „Wörter" mit vertauschten Buchstaben, die Sie in die richtige Reihenfolge bringen sollen, sodass sich sinnvolle Wörter ergeben!

a) HSUA: _____

b) GEVLO: _____

c) ECUHSL: _____

d) AGNFNA: _____

e) GLEORF: _____

f) PLKTIAE: _____

g) IRTNEM: _____

h) CUSAHEBTB: _____

i) DARFHRA: _____

j) IOTVMNATOI: _____

k) ECNHTNWIAEH: _____

l) SECHEIDE: _____

m) MMSCHBWDIA: _____

2.3 Vorbehalte gegenüber bestimmten Fächern/Fachgebieten abbauen

Jeder mag bestimmte Fächer/Fachgebiete recht gern, andere hingegen liegen ihm weniger oder er hasst sie gar. Die Gründe dafür, warum man ein bestimmtes Fach überhaupt nicht mag, sind vielfältig.

Einige davon könnten lauten:
● „Englisch ist total langweilig."
● „Geschichte, der alte Kram, ist doch längst vorbei; ich lebe heute, mich betrifft das alles nicht mehr."
● „Deutsch: Mit Rechtschreibung hatte ich schon immer Probleme."
● „Das Fach ginge ja noch, aber der Lehrer ..."

Möglicherweise hat aber auch Ihr Vater seine ihm eigene Abneigung gegen das Fach Mathematik an Sie weitergegeben. So hat Theresas Vater bei ihrem ersten Misserfolg in diesem Fach gesagt: „Ist nicht schlimm, ich war in Mathematik auch nie gut." Beliebt ist auch folgende Entschuldigung: „Das werde ich später nie brauchen, ich will beruflich etwas ganz anderes machen."

Es gibt viele verschiedene Gründe, die eine Rolle spielen, wenn Sie ein bestimmtes Fach ablehnen. Diese Vorbehalte können allerdings systematisch abgebaut oder zumindest verringert werden. Eher unwahrscheinlich ist es natürlich, dass das sogenannte Hassfach zu Ihrem künftigen Lieblingsfach wird. Aber

vielleicht können Sie versuchen, etwas lockerer mit Ihrer Abneigung umzugehen, die sich in der Vergangenheit vielleicht
immer mehr verfestigt hat, ohne dass es dafür einen wirklichen
Grund gibt.

Im Folgenden sollen Sie erforschen, wie und wann es zu Ihrer
Abneigung gegen ein bestimmtes Fach gekommen ist. Füllen
Sie die leeren Felder aus und kreisen Sie die in Ihrem Fall
zutreffenden Sätze ein!

Mein ungeliebtes Fach: _____

1. Seit dem _____ Schuljahr/Semester schreibe
   ich nur noch schlechte Noten.
2. Ich kann den Lehrer/Kursleiter nicht ausstehen.
3. Ich verstehe einfach nicht, was die Lehrkraft erklärt.
4. Niemand hilft mir zu Hause bei dem Fach.
5. Ich habe Angst vor dem Fach.
6. Ich finde das Fach einfach langweilig.
7. Mein Banknachbar stört mich ständig.

Geben Sie hier weitere Gründe an!

_____

_____

_____

Nun lassen Sie uns gemeinsam überlegen, was Sie dagegen
tun können:

Zu 1

Sie kommen bereits seit zwei Jahren nicht mehr richtig mit? Ohne fremde Hilfe wird es Ihnen bei solchen Lücken vermutlich nicht gelingen, den Anschluss wiederzuerlangen. Denken Sie darüber nach, ob in diesem Fall nicht Nachhilfe die Lösung für Ihr Problem wäre. Darüber hinaus sollten Sie überlegen, wie es ursprünglich dazu gekommen ist, dass Sie den Anschluss verpasst haben. Wechselte die Lehrkraft und hatten Sie von Anfang an kein gutes Verhältnis zu Ihrem neuen Lehrer/Kursleiter? Oder aber: Gab es einen anderen Grund dafür, dass Sie in dem Fach absackten? War etwa Liebeskummer mitverantwortlich dafür oder hatten Sie Probleme in der Familie?

Zu 2

Ein wesentlicher Hinderungsgrund ist es mit Sicherheit, wenn man die entsprechende Lehrkraft nicht leiden kann. Aber die Frage ist: Gibt es dafür einen wirklichen Grund oder ist es vielleicht so, dass die betreffende Lehrkraft insgesamt unbeliebt ist und Sie sich einfach der allgemeinen Meinung angeschlossen haben?

Hat der Lehrer oder Kursleiter Sie irgendwann einmal vor der Klasse oder vor dem Kurs bloßgestellt? Ist dies schon lange her, dann dürfte es doch kein Problem sein, ihm zu verzeihen. Ist es erst kürzlich passiert, suchen Sie das Gespräch mit ihm. Ist Ihnen das nicht möglich oder sind gravierende Vorkommnisse aufgetreten, schalten Sie den Vertrauenslehrer ein.

Oder ist es so, dass eigentlich gar nichts passiert ist, Sie aber das Gefühl haben, dass Ihr Lehrer/Kursleiter Sie „auf dem Kieker" hat? Auch in diesem Fall gilt: Gehen Sie auf den Lehrer zu, versuchen Sie, Ihr Problem mit ihm zu klären. Sicherlich ist das nicht ganz einfach, schließlich handelt es sich nicht gerade um Ihren Lieblingslehrer. Aber Sie müssen ja nicht unbedingt direkt sagen, dass Sie das Gefühl haben, er könne Sie nicht leiden.

Suchen Sie einfach das Gespräch, indem Sie sagen, dass Ihnen
das Fach zurzeit überhaupt keinen Spaß mache und Sie in den
vergangenen Wochen sehr wenig verstanden haben. Bitten Sie
ihn, Ihnen einen Rat zu geben, wie Sie diese Situation verändern können. Möglicherweise ist damit die Spannung, die Sie
empfinden, schon beseitigt. Der Damm ist gebrochen, weil Sie
miteinander gesprochen haben. Ihr Lehrer wird auf Sie aufmerksam, und zwar in positiver Hinsicht. Schließlich zeigen Sie
Interesse daran, Ihre Situation zu ändern, und er kann Ihnen
dabei helfen.

Wenn Sie sich die oben aufgezeigten Möglichkeiten überhaupt
nicht vorstellen können, dann liegt das wahrscheinlich daran,
dass Sie immer noch in Ihren alten Gewohnheiten verhaftet
sind und das negative Bild, das Sie von Ihrem Lehrer haben,
noch nicht abgelegt haben. Versuchen Sie daher ganz bewusst,
positiv zu denken.

Zu 3
Sie verstehen einfach nicht, was die Lehrkraft erklärt? Fragen
Sie nach! Ihre Lehrkraft kann nicht wissen, dass Sie es nicht
verstanden haben, wenn Sie es ihr nicht mitteilen. Vorausset-
zung ist natürlich, dass Sie vorher das Unterrichtsgeschehen
auch wirklich verfolgt haben. Haben Sie keine Angst, sich mit
Fragen zu blamieren. Fragen können Sie nur weiterbringen. Mit
Ihren Fragen bekunden Sie Ihr Interesse.

Zu 4
Sie haben ja recht, sicherlich wäre es einfacher, wenn Ihre Mut-
ter oder Ihr älterer Bruder ein Mathematik-Crack wäre und
dabei noch super erklären könnte. Vergeuden Sie nicht sinnlos
Zeit damit, sich darüber zu grämen, dass dies eben nicht der
Fall ist. Suchen Sie sich stattdessen lieber jemanden aus Ihrer
Klasse / Ihrem Kurs, der in diesem Fach sehr gut ist und Ihnen
helfen kann.

Zu 5

Angst brauchen Sie weder vor einem Fach noch vor einer Lehrkraft zu haben. Schon gar nicht, wenn Sie alle vorangegangenen Tipps beherzigen. Machen Sie sich klar, dass Sie die Angst aufgrund längst vergangener Geschehnisse mit der Zeit aufgebaut haben. Sie werden diese Angst genauso gut wieder abbauen können – und zwar Schritt für Schritt. Das Fach ist schließlich nicht an sich Furcht einflößend.

Zu 6

Sie finden, das entsprechende Fach sei langweilig, es bringe Ihnen nichts! Versuchen Sie selbst, sich das Fach interessanter zu gestalten. Übersetzen Sie beispielsweise in Englisch Liedtexte Ihrer Lieblingsband. Schlagen Sie vor, dies auch einmal im Unterricht zu tun. Lesen Sie fremdsprachige Gedichte, wenn Sie Gedichte mögen. Lesen Sie englische/französische etc. Kinderbücher, damit Sie einen leichteren Zugang zu der Sprache finden. Solche Hilfen gibt es auch für das Fach Geschichte: Lesen Sie historische Romane, von denen Sie gehört haben, dass sie tatsächlich auf geschichtlichen Tatsachen basieren.

Die Bücher fliegen Ihnen natürlich nicht zu, Sie müssen schon in eine Buchhandlung gehen und danach fragen. Fragen Sie auch Ihren Lehrer/Kursleiter, wie Sie einen anderen Zugang zu dem betreffenden Fach finden, er kann Ihnen sicherlich wertvolle Tipps geben. Ergreifen Sie die Initiative! Suchen Sie nach Lösungen für Ihre Probleme, die – wenn Sie sie erst einmal angehen – langsam, aber sicher kleiner werden! Die Last der Probleme wird schnell von Ihnen abfallen.

Zu 7

Der störende Banknachbar ist auf jeden Fall eines der kleineren Probleme. Setzen Sie sich mit Einverständnis Ihres Lehrers an einen anderen Platz.

Und damit Sie diese Ratschläge nun nicht nur gelesen haben, um sie sogleich wieder zu vergessen, sollten Sie sich schriftlich einen Zielplan erstellen. Dieser könnte etwa folgendermaßen aussehen:

Zielplan

Fach: Mathe; Lehrer: Herr Müller

Um meine Vorbehalte gegenüber diesem Fach abzubauen, werde ich:
- mit Herrn Müller sprechen (am Montag),
- einen Klassenkameraden um Hilfe bitten (ich rufe Felix an, am besten gleich heute),
- mir ein Buch über Mathe-Spiele besorgen (nächste Woche),
- einen Termin zur Nachhilfe vereinbaren (nächste Woche).

Übung 35:

Erstellen Sie nun für Ihr ungeliebtes Fach einen eigenen Zielplan!

Zielplan von _____

Fach:_____; Leiter: _____

Um meine Vorbehalte gegenüber diesem Fach abzubauen, werde ich:

- _____

- _____

- _____
- _____
- _____

Tipp

Setzen Sie unbedingt fest, wann Sie die jeweilige Initiative durchführen wollen. Suchen Sie sich einen günstigen Zeitpunkt aus, um mit Ihrem Lehrer/Kursleiter zu sprechen. Am besten tun Sie dies vor der großen Pause und nicht dann, wenn er schnell zur nächsten Unterrichtsstunde hetzen muss. Wenn Ihr Lehrer/Kursleiter dennoch keine Zeit hat, lassen Sie sich nicht entmutigen. Es liegt sicher nicht an Ihnen, versuchen Sie es ein anderes Mal erneut.

Hat der zuerst angesprochene Mitschüler keine Lust oder Zeit, um mit Ihnen Mathe zu pauken, dann müssen Sie sich nichts dabei denken. Fragen Sie einfach einen anderen, den Sie ebenfalls als geeignet betrachten. Wenn so gut wie nichts mehr geht, scheuen Sie sich nicht davor, Nachhilfe zu nehmen und mit Ihren Eltern darüber zu sprechen.

2.4 Ein positives und erfolgsorientiertes Selbstbild schaffen

Viele der bisher erteilten Ratschläge setzen voraus, dass Sie sich auch wirklich zutrauen, Ihre Probleme in puncto Lernen zielstrebig anzugehen. Das zuletzt genannte Beispiel zeigt es: Wer sich nicht traut, seine Lehrkraft oder einen Klassenkameraden/Kursteilnehmer um Hilfe zu bitten, dem helfen die besten Ratschläge letzten Endes nicht wirklich weiter.

Und wer sich einen Plan zurechtzimmert, gleichzeitig aber ständig nur daran zweifelt, auch nur ein einziges Etappenziel zu erreichen, dem ergeht es nicht besser. Wer seine eigenen, wenn auch zunächst vielleicht kleinen, Erfolge selbst nicht anerkennen kann, der fühlt sich schlecht, ist frustriert und leider ganz und gar nicht motiviert.

So geht es vielen Menschen und insbesondere auch vielen Schülern, die Misserfolge erlebt haben. Weil sie einmal oder auch mehrmals etwas Negatives erfahren haben, trauen sie sich nichts mehr zu und fühlen sich als Versager. Sicherlich ist dies zunächst einmal eine recht normale Reaktion. Jeder Mensch hat hin und wieder mit Zweifeln zu kämpfen, mit Ängsten, ob er das, was er sich vorgenommen hat, wirklich schaffen wird.

Allerdings dürfen diese Zweifel nicht überhandnehmen. Sie dürfen sich nicht entmutigen lassen. Machen Sie nicht den Fehler, von einem „Ausrutscher" als Normalzustand zu sprechen. Auch nach einem Misserfolg muss es Ihnen nach einiger Zeit wieder möglich sein, positiv zu denken und sich selbst etwas zuzutrauen. Erinnern Sie sich selbst daran, dass Sie durchaus in der Lage dazu sind, gute Ergebnisse zu erzielen, und dass Sie das in naher Zukunft auch wieder tun werden.

Positives Denken

Das positive Denken ist ein ganz wesentlicher Helfer auf dem Weg zum Erfolg. Wer nämlich immer nur schwarzsieht, hat meist keine Energie zum Lernen und wird somit auch keine neuen Erfolge erzielen. Wer negativ über sich selbst denkt, dem geht es tatsächlich schlecht! Und so befindet man sich ganz schnell in einem elenden Teufelskreis: Man fühlt sich schlecht, traut sich nichts zu, macht keine oder nur halbherzige Versuche, etwas zu ändern, und fühlt sich wieder einmal schlecht …

Nun könnten Sie sagen: „Aber ich bin doch ein schlechter Schüler/Student." Gegenfrage: Ist das tatsächlich in allen Fächern so? Und wie sieht es außerhalb von Schule/Universität und Unterricht aus? Haben Sie keine Hobbys, die Sie gerne und erfolgreich ausüben?

Übung 36:

In der folgenden Tabelle können Sie einmal auflisten, worin Sie gut sind und welche positiven Seiten Sie haben. Tragen Sie Ihre schulischen/universitären und Ihre außerschulischen/außer-universitären Fähigkeiten ein!

Ich bin gut:	
außerschulisch/außeruniversitär	**schulisch/universitär**

Mit Sicherheit werden Sie nach dem Ausfüllen der Tabelle fest-stellen, dass Sie doch so einige Dinge richtig gut können. Ver-suchen Sie, sich genau diese Dinge und positiven Eigenschaf-ten vor Augen zu führen, wenn Sie wieder einmal an sich und Ihren Fähigkeiten zweifeln sollten.

Und damit Sie auch in Hinsicht auf die schwierigeren Ziele, die Sie sich für die nähere Zukunft vorgenommen haben, positiv denken, machen Sie doch Folgendes: Schreiben Sie auf ein Blatt Papier oder auf Pappkarton in möglichst großer Schrift diese Worte:

ICH GLAUBE AN MICH SELBST!

ICH WERDE ES SCHAFFEN!

ICH BIN GUT!

Dieses Plakat sollten Sie z. B. über Ihrem Bett oder Ihrem Schreibtisch anbringen (zwei Plakate schaden auch nicht) und Sie sollten sich die Sätze jeden Tag einmal laut vorlesen. Das wird Ihnen dabei helfen, mehr an sich selbst und Ihre Fähigkeiten zu glauben. Lassen Sie sich nicht von anderen beirren, die das vielleicht als „Quatsch" bezeichnen mögen, weil sie im Gegensatz zu Ihnen keine Ahnung davon haben, wie man sich selbst motiviert.

Und bevor Sie nun die abschließende Checkliste lesen, schließen Sie die Augen und konzentrieren Sie sich: Denken Sie an all das, was Sie können, an all Ihre positiven Seiten und Fähigkeiten und sagen Sie sich selbst mit lauter Stimme die folgenden Worte vor:

ICH GLAUBE AN MICH SELBST!

Führen Sie diese Übung einmal am Tag durch! Und nehmen Sie sich ruhig etwas Zeit, denn bei der Vielzahl Ihrer positiven Eigenschaften kann die Übung durchaus auch einige Minuten andauern.

Tipp

Haben Sie vorhin festgestellt, dass Sie gar kein richtiges Hobby haben, das Sie ausfüllt, dann denken Sie noch einmal darüber nach, was Sie machen könnten, welches frühere Hobby Sie z. B. reaktivieren könnten. Denn ein Hobby schenkt Freude und Selbstbestätigung, die Sie auf andere Bereiche, wie etwa die Schule oder Universität, übertragen können. Beachten Sie dabei, dass Ihre Freizeitbeschäftigung in Einklang zu bringen ist mit der für Ihre schulischen Aufgaben benötigten Zeit.

Lesen Sie sich nun in Ruhe die folgende Checkliste durch und überlegen Sie noch einmal, was Sie in Zukunft ändern können!

Checkliste: Motivation

● Als Motivation bezeichnet man die Gesamtheit der Gründe, die einen Menschen zum Handeln bringen.
● Es wird zwischen primärer und sekundärer Motivation unterschieden:
  - Primäre (sachbezogene) Motivation bezieht sich auf die Sache selbst. Man lernt, weil man Spaß daran hat, etwas Neues zu erfahren, weil man wissbegierig ist und weil einen das Thema interessiert.
  - Bei der sekundären (sachfremden) Motivation geht es nicht um den Lerngegenstand selbst, sondern um etwas anderes. Man lernt beispielsweise, weil man fürchtet, sitzen zu bleiben, oder weil man weiß, dass die Eltern gute Noten mit Geld belohnen. Man möchte also etwas Unangenehmes vermeiden oder etwas Angenehmes erreichen.
● Beim Lernen sollte die Motivation stets sachbezogen sein, denn nur dann macht das Lernen Spaß. Außerdem kann man sich Dinge, für die man sich interessiert, leichter merken.

- Freude am Lernen und Interesse am Lernstoff sind grundlegende Voraussetzungen für erfolgreiches Lernen.
- Um die Motivation zum (sachbezogenen) Lernen zu steigern, sollte man sich zunächst über seine Ziele klar werden: „Was will ich in der Zukunft erreichen und warum lerne ich?" Wer ein klares Ziel vor Augen hat, ist motivierter.
- Das Fernziel sollte in verschiedene Teilziele aufgeteilt werden, die in zeitlicher Nähe Erfolg versprechen. Nahziele (= Zwischenziele) sind besonders wichtig. Dabei sollten die Ziele realistisch sein, sie dürfen weder zu hoch gegriffen sein noch zu niedrig – es sollte ein mittlerer Schwierigkeitsgrad angestrebt werden.
- Ziele und Erfolge sollten immer dokumentiert werden, um sich den Erfolg vor Augen halten zu können. Dies führt zu Erfolgserlebnissen, die als Belohnung wirken und uns zum Weitermachen anspornen.
- Schließen Sie einen schriftlichen Lernvertrag mit sich selbst ab und halten Sie sich an diesen. Legen Sie vor sich selbst Rechenschaft ab, wenn Sie sich einmal nicht an Ihre eigenen „Spielregeln" halten.
- Auch „richtige" Belohnungen sind erlaubt: Nach der Arbeit sollten Sie sich etwas Gutes tun, wie etwas Leckeres essen, sich mit Freunden treffen oder Ihrem Hobby nachgehen.
- Um Vorbehalte gegenüber bestimmten Fächern abzubauen, sollten Sie prüfen, wie es zu der Abneigung gegen das Fach gekommen ist. Viele Gründe haben in der Gegenwart eigentlich keine Berechtigung mehr und können systematisch abgebaut werden.
- Bei alledem ist es wichtig, ein positives Selbstbild aufzubauen. Negatives Denken schadet, positives Denken hilft Ihnen. Glauben Sie daran, dass Sie etwas schaffen werden! Glauben Sie an Ihren Erfolg!

So, nun haben Sie ein weiteres Kapitel geschafft auf dem Weg zum besseren Konzentrieren. Üben Sie doch gleich im Anschluss weiter!

Übung 37: Symbolpfad

Finden Sie den Weg von einem Stern zum nächsten! Sie dürfen dabei nicht diagonal gehen. Außerdem muss das nächste Feld, das Sie betreten dürfen, entweder das gleiche Symbol oder die gleiche Zahl aufweisen wie das Feld, auf dem Sie sich gerade befinden.

○ 6	○ 6	○ 2	◇ 8	☆ 5	□ 1
△ 1	□ 6	○ 6	□ 7	○ 5	△ 6
◇ 8	△ 5	○ 2	△ 6	○ 7	○ 1
△ 8	□ 5	○ 3	○ 8	○ 5	◇ 3
◇ 2	△ 7	○ 3	□ 3	○ 4	△ 5
◇ 1	◇ 7	□ 8	◇ 1	○ 7	○ 7
◇ 7	○ 3	○ 3	○ 4	○ 6	◇ 7
◇ 7	○ 2	□ 6	○ 3	□ 2	□ 7
○ 5	◇ 8	◇ 6	△ 7	□ 6	○ 4
□ 1	○ 7	□ 1	○ 5	△ 6	◇ 6
□ 4	□ 6	△ 4	○ 2	□ 5	◇ 3
○ 3	○ 6	□ 6	○ 5	○ 6	○ 3
△ 4	□ 5	○ 2	◇ 5	◇ 3	○ 6
☆ 7	△ 7	△ 1	○ 8	□ 1	○ 7
○ 3	□ 6	△ 8	△ 3	△ 2	○ 2

Übung 38: Würfelspiel

Aus wie vielen Würfeln besteht diese Figur?

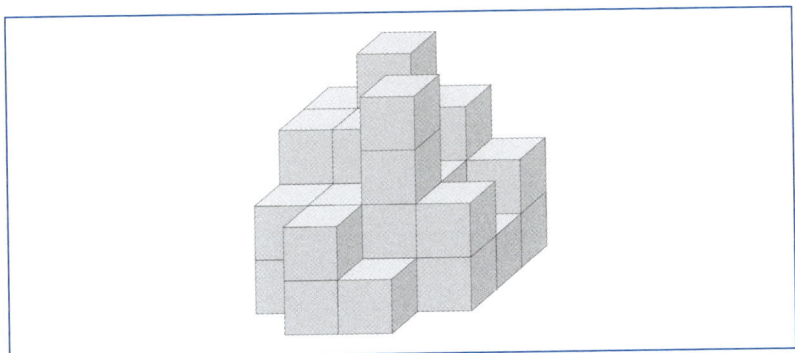

Übung 39: Fehlersuchbild

Im unteren Bild haben sich sechs Fehler eingeschlichen. Konzentrieren Sie sich und finden Sie sie!

Übung 40: Mosaikrätsel

In der richtigen Reihenfolge zusammengesetzt ergeben folgende Buchstabengruppen ein Sprichwort!

chfu – ehlt – ersi – jede – rist – soal – twie

_____

_____

_____

Übung 41: Sudoku

Füllen Sie das Gitter so, dass die Ziffern 1 bis 8 in einer Spalte, in einer Reihe und in einem dick umrandeten Feld nur einmal vorkommen!

	1		5	3		6	2
6		4		5	7		8
		6	8		2	3	1
	4					7	
	8			6		4	
1	6	7	4	2	8		
4		2	7		6		5
8	5	1		7			

Übung 42: Buchstabensalat

Durchforsten Sie den Buchstabensalat und finden Sie die gesuchten Wörter! Die Wörter können in jede Richtung (also auch von rechts nach links oder von unten nach oben) gelesen werden. Beachten Sie: Auch diagonale Anordnungen sind möglich!

Die gesuchten Wörter sind:

ANDRE, BRAUER, BRITE, CAMEMBERT, DEAR, DREHBANK, EBNEN, EDAM, EDLE, EHRE, EILGUT, ELLE, ENTFUEHRER, ERBGUT, FLAUTE, FOTOMODELL, FROTTEE, GARN, HEER, IDEN, IRRATIONAL, KEIM, KERAMIK, KLATSCHE, KOMPETENT, LAND, LATSCHE, LIBERO, LIEGESOFA, LINZ, LOCH, LOUVRE, MODELL, MUSKEL, NAEHE, NUSS, PAAR, RABIAT, ROTTE, RUHE, SINAI, TADEL, TRABI, TURBO, UNREIF, UNTREUE, WORT

T	U	G	L	I	E	E	L	T	L	E	K	S	U	M
T	E	L	T	L	E	U	L	O	R	E	B	I	L	I
Z	N	I	L	R	A	L	E	L	C	A	D	N	G	E
K	T	E	B	N	E	N	D	R	E	H	B	A	N	K
L	F	G	T	U	R	B	O	E	T	B	R	I	T	E
A	U	E	K	E	R	A	M	I	K	N	A	L	A	E
T	E	S	E	I	P	A	O	E	T	R	U	O	H	T
S	H	O	H	D	D	M	T	R	M	A	E	U	J	U
C	R	F	E	E	T	T	O	R	F	A	R	V	D	A
H	E	A	A	N	E	W	F	K	C	P	C	R	I	L
E	R	D	N	A	L	R	S	S	U	N	R	E	I	F

Übung 43: Streichholz

Wie viele Streichhölzer müssen Sie wie umlegen, um fünf
Dreiecke zu erhalten?

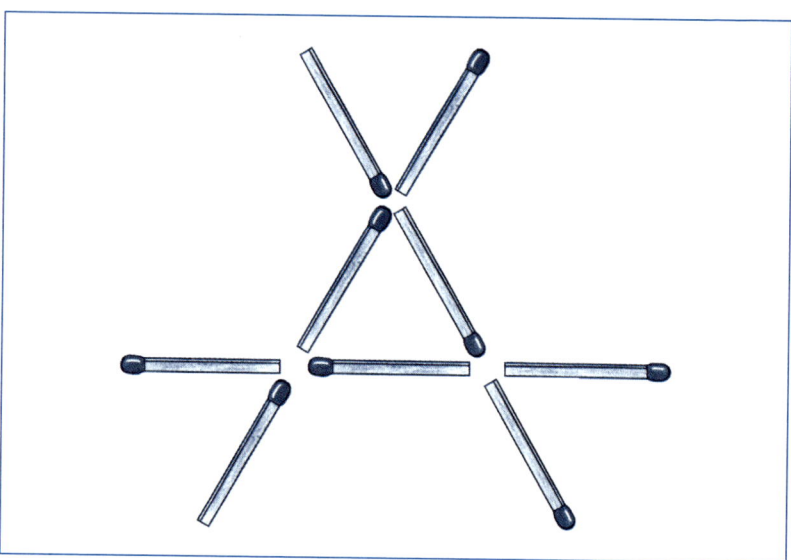

Übung 44: Schüttelrätsel

Riesen – Strich – Bahre – Lupen – Starre – Aromen – Schrat –
Sahne – Renten – Eigen

Durch Umstellen der Buchstaben müssen neue sinnvolle Wörter gebildet werden, deren Anfangsbuchstaben die Schlusslösung ergeben.

Übung 45: Mittelworträtsel

Es werden Wörter gesucht, die man den linken anfügen sowie
den rechten voransetzen kann, sodass aus diesen Kombinati-
onen neue sinnvolle Wörter entstehen! Die Anfangsbuchstaben
der Mittelwörter ergeben die Schlusslösung.

a)	HAND _____	WEIZEN
b)	WAFFEL _____	ZEIT
c)	HOCH _____	LINSE
d)	FUSS _____	HAKEN
e)	GROSS _____	SOHN
f)	GARTEN _____	TAUBE
g)	KENNTNIS _____	STAG
h)	WACH _____	FALKE

Übung 46: Gesichterreihe

Welches Gesicht gehört in die dritte Reihe?

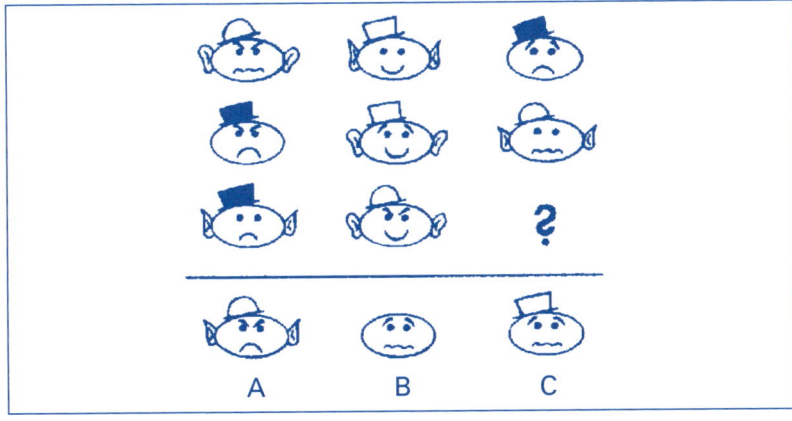

Übung 47: Buchstaben finden

Finden Sie unter den folgenden Buchstaben alle Vokale (*a, e, i, o, u*) heraus! Wie viele sind es?

l g h i j k j k l q r s t u v w x y z d e f g h i j k l m n o p q r s
t u v w x y z d e p q r s t u v w x y z d e f g h i j a b c m x y
z d e f g h i u v w x y z d e f g y z d e f j k l q r s t x y z d e
f g h i j k j k l q r s t u v w x y z d e f g h i j k l m n o p q r a
b c m n o p q r s t u v w x y z d e f g h i j k s t u v w x y z d
e f g h i j k l m n n o p q r s t u v w x t u v w o s t u v w x y
z d e f g h i l m n o p q r s t u v w x y z d e f g h i m j k l q
r j k s h i j k l m n o p q r s t u v w x y z d e f g h i j a b c
m n o p q r f g h i j a b c m n o p q r s t u v w l c b m t k

Übung 48: Linien verfolgen

Folgen Sie mit den Augen (nicht mit dem Finger!) den Linien und finden Sie zu jedem Buchstaben die dazugehörige Zahl! Notieren Sie das Ergebnis. Überprüfen Sie Ihr Ergebnis anschließend, indem Sie die Linien mit einem Finger nachfahren.

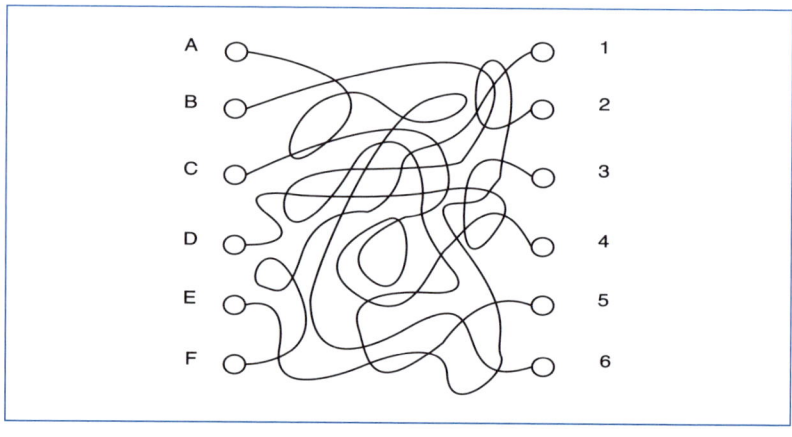

Übung 49: Leseübung

Der folgende Text ist in Spiegelschrift. Lesen sie ihn möglichst zügig und am besten laut vor. Allerdings bitte ohne Spiegel!

Wenn es darum geht, zu bekommen, was man gerne möchte, lautet die allererste Lektion: Fragen Sie danach! Bitten Sie andere darum! Haben Sie schon öfters zu ande- ren Menschen gesagt: „Es macht mir nichts aus, jemandem zu helfen, aber es fällt mir schwer, selber um etwas zu bit- ten."? Ist es nicht eine Ironie des Schicksals, dass in einer Welt, in der viele meinen, sie werden vom Leben schlecht behandelt und bekommen nie, was sie sich wünschen, die meisten Menschen nicht einmal darum bitten? Es ist essen- ziell wichtig, dass Sie, um die Dinge, die Sie wollen, bitten – und zwar aus mehreren Gründen: Durch eine Bitte zeigen Sie Selbstvertrauen und Selbstwertgefühl! Dadurch, dass Sie andere um gewisse Dinge oder Hilfestellungen ersu- chen, bestätigen Sie gleichzeitig sich selbst und anderen, dass Sie ein Recht auf diese Frage\Bitte haben. Sie haben Rechte und Privilegien. Weisen Sie ruhig darauf hin. Ihre Bitte um Hilfe bedeutet, dass Sie selber auch daran glau- ben, diese Hilfe zu verdienen. Dadurch strahlen Sie eine positive Erwartungshaltung aus, die in den meisten Fällen dazu führen wird, dass Sie die geforderte Hilfeleistung auch bekommen.

Tipp

Wenn Sie den Text ohne Hilfsmittel gelesen haben, können Sie zur Kontrolle selbstverständlich einen Spiegel zur Hand nehmen. Kont- rollieren Sie, ob der Inhalt des erscheinenden Textes mit dem Inhalt des zuvor Gelesenen übereinstimmt. Zum Üben können Sie den Text in Spiegelschrift anschließend noch einmal lesen.

Übung 50: Optische Zählübung

In dieser Illustration sehen Sie eine ganze Reihe von Rechtecken. Zählen Sie die Rechtecke, ohne sie mit einem Stift zu markieren und ohne die kleineren mitzuzählen, die sich durch Überschneidungen ergeben! Wie viele sind es?

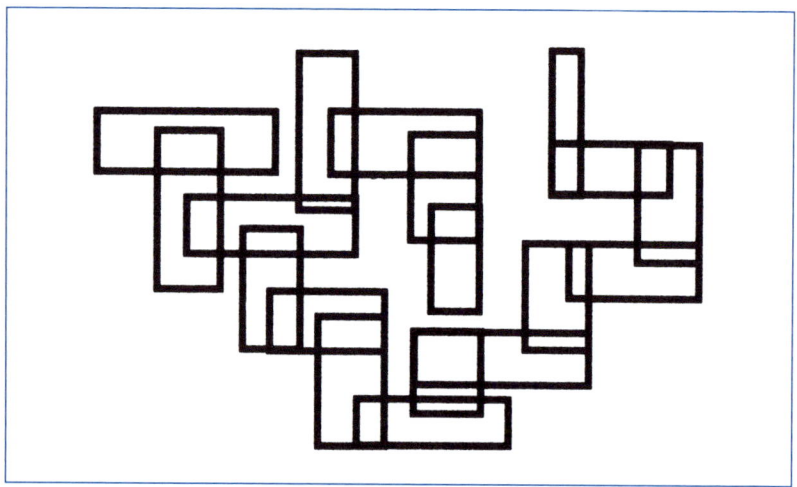

Übung 51: Optische Zählübung

Zählen Sie nun in derselben Illustration alle möglichen Rechtecke!

Übung 52: Zahlenrätsel

Welche Zahl ist die nächste in der Reihe?

37   32   27   22   17   ?

Lösung: _____

Übung 53: Buchstaben-Zeichen-Kombination

In dieser Übung geht es darum, alle *d*-Zeichen zu finden, die mit zwei Punkten versehen sind! Dabei ist es egal, ob die Punkte über dem *d*, darunter oder sowohl als auch platziert sind:

RICHTIG:
```
     ..        .
  d   d   d
     ..        .
```

Nicht zu zählen sind die *d*-Zeichen mit einem, drei oder vier Punkten sowie *p*-Zeichen mit egal wie vielen.

```
 ..  .   .        ..   .   ..          ..       .
 d   d   d   d   d   p   d p  p  p  d  p  d  p
        .   .   ..     .   .        ..  ..       ..   .

 .   .   .   ..        .     .  ..   .      .
 d   p   d   p   d   d   d   d   p  p  d  d  p  d
 .   .       ..         .       .  ..        .

 ..      .       .   ..   .    .          .   ..
 d   d   d   d   d   p   d   p   d  d  p  d  p  p
 ..     .       .   .         ..   .   .

 .  ..       .       ..   .             ..   .
 p   d   p   d   p   d   p   d   p   d  p  p  d  d
       ..   .   .           ..   .   ..

 .      .       .   ..        .   .       .
 p   d   d   d   d   d   p   p   d   d  p  d  d  d
 .      .   ..     .       .   .       . .

 .      .      ..       .   .   .       ..      .
 d   p   p   d   p   d   p   d   p   d  p  d  d  d
 ..  .  ..      .         .         ..      .  .
```

3. Zeit zum Lernen – Zeit zum Leben

Für eine gute Konzentrationsfähigkeit ist es unerlässlich, dass Sie sich genügend Zeit zum Lernen nehmen. Stehen Sie ständig unter Zeitdruck, so ist dies sowohl für Ihre Psyche als auch für Ihre Konzentrationsfähigkeit schädlich. Im Folgenden geht es daher um das Problem der Zeiteinteilung, der idealen Lernzeit sowie um eine ausgewogene Gestaltung von Lernzeit und Freizeit.

3.1 Das Zeitproblem

Geht es Ihnen auch manchmal so: Sie haben das Gefühl, überhaupt keine Zeit zu haben, und wissen manchmal nicht, wo die ganzen Stunden geblieben sind? Am Ende des einen Tages sind Sie fix und fertig und an einem anderen Tag haben Sie den Eindruck, dass Ihre Zeit sogar mehr oder weniger ungenutzt verstrichen ist?

Sie sind mit Ihren Zeitproblemen nicht allein. Mehr und mehr Menschen klagen über einen Mangel an Zeit und über den Stress, zahlreiche Termine einhalten zu müssen. In der Berufswelt ebenso wie im privaten Bereich – überall fehlt es an Zeit.

Und dieses Phänomen ist nicht auf die Erwachsenenwelt beschränkt. Bedauerlicherweise klagen auch Kinder und Jugendliche über Zeitmangel und Stress. Sieht man sich den Tagesablauf eines Schülers an, wird sehr schnell deutlich, wie eng der Zeitplan auch in diesem Alter schon ist: frühes Aufstehen (zwischen 6.00 und 6.30 Uhr), schnelles Frühstück, auf zur Schule, um ca. 13.00 Uhr – manchmal auch erst um 15.00 Uhr oder noch später – Schulschluss, nach Hause, Essen, anschließend Hausaufgaben, dann möglicherweise noch in den Sportverein, zur Musikschule etc. Um Punkt 19.00 Uhr muss man aber dringend vor dem Fernseher sitzen, um ja nicht die Daily

Soap zu verpassen und am nächsten Tag mitreden zu können. Das hört sich ganz schön anstrengend und stressig an – und das ist es auch.

Freizeitstress

Sie wundern sich jetzt vielleicht, weil doch am Ende des letzten Kapitels noch empfohlen wurde, einem Hobby nachzugehen. Und jetzt sollen diverse Freizeitverpflichtungen den Lernstress noch verstärken? In Wirklichkeit ist das aber kein Widerspruch. Ein Hobby ist für jeden Menschen grundsätzlich sehr positiv, vorausgesetzt, er kann sich diesem Hobby ohne Stress und ohne Zeitdruck widmen.

Genau das ist heute aber nicht immer der Fall, gerade Jugendliche und junge Erwachsene leiden vermehrt unter dem sogenannten Freizeitstress. Das bedeutet, dass sie oft zu viele Termine durch verschiedene Sportarten, Musikunterricht und Ähnliches haben. Auch ein geplantes Treffen mit Freunden kann zum Stress werden, wenn es zum falschen Zeitpunkt anberaumt ist. Das eigentlich Positive, das Hobby, wird so zu einem Stressfaktor. Und wer dann noch lernen muss, aber immer gedanklich schon beim nächsten Termin ist, der hat ein wirkliches Problem.

Es ist daher ganz wichtig, dass man sich seine Zeit gut einteilt und professionell plant. Auch wenn sich das erst einmal nach Unfreiheit anhört. Letzten Endes haben Sie auf diesem Wege mehr Zeit zu Ihrer Verfügung und werden sich dadurch eher freier als gegängelt fühlen. Schließlich sind Sie derjenige, der über Ihre Zeit bestimmt und sie für dieses oder jenes Vorhaben einplant – sei es für das Lernen oder für eine Freizeitbeschäftigung. Wenn bei der Planung Ihrer Zeit verschiedene Voraussetzungen beachtet werden, denen in diesem Kapitel nachgegangen wird, ist es keine Verplanung, sondern ein Gewinn.

Wer hingegen relativ planlos mit seinem Tag umgeht, ganz nach dem Motto „Ich sehe mal, wann ich am besten lerne, jetzt habe ich keine Lust", der macht möglicherweise den ganzen Tag lang nichts Vernünftiges bzw. nicht das, was er eigentlich tun müsste, und vergeudet so sinnlos seine kostbare Zeit. Versuchen Sie, sich nicht von allzu vielen Dingen ablenken zu lassen. Bewahren Sie einen klaren Kopf, das heißt auch, dass Sie sich nur auf die derzeit wichtigste Angelegenheit, also das Lernen, konzentrieren sollten. Widerstehen Sie der Versuchung, alle möglichen Dinge erledigen zu wollen, die Sie von Ihrem Vorhaben, zu lernen, abbringen. Lassen Sie den Staub auf Ihren Möbeln Staub sein, ignorieren Sie den Tellerberg in Ihrer Spüle und verzichten Sie auf Ihre Lieblingssendung im Fernsehen. Es ist ein großer Irrtum, dass Sie sich beim Fernsehen besonders gut entspannen können. Ihre Sinne werden dabei strapaziert und der beabsichtigte Entspannungseffekt kann sich folglich nicht einstellen. Wenn Sie erst am Abend zu lernen beginnen, geraten Sie schnell in Panik, weil die Zeit nicht mehr reicht, oder müssen bis tief in die Nacht hinein Ihre Hausaufgaben erledigen, was zulasten des Schlafs geht.

Problematisch ist dabei vor allem das schlechte Gewissen, das sich einstellt, wenn man beim Shoppen ist, obwohl man doch ganz genau weiß, dass am nächsten Tag ein Politik-Test ansteht, für den noch einiges an Stoff zu bewältigen und zu wiederholen wäre. Die Freizeitbeschäftigung richtig zu genießen, ist in diesem Fall gar nicht möglich. Auf diese Weise geraten Sie immer mehr unter Druck, dem Sie standhalten müssen, und machen es sich so selbst schwer.

Übung 54:

Im Folgenden sollen sie sich Gedanken darüber machen, womit Sie gerade Ihre Zeit verbringen. In die folgende Tabelle tragen Sie eine Woche lang ein, was Sie täglich tun! Seien Sie dabei ehrlich zu sich selbst und vergessen Sie nicht, die Dauer des Lernens und Ihrer Freizeitbeschäftigungen anzugeben. Auf diese Weise erhalten Sie ein realistisches Bild von Ihrem Lern- und Freizeitverhalten und können sich somit besser einschätzen. Anschließend rechnen Sie die einzelnen Zeitspannen zusammen. Vielleicht werden Sie dann feststellen, dass Sie bestimmten Dingen viel – vielleicht zu viel – Zeit einräumen und anderen zu wenig.

Tipp

Überlegen Sie sich ganz genau, wie Sie sich Ihre Zeit gut einteilen und professionell planen können.

	Mo	Di	Mi	Do	Fr	Sa	So
Schlaf							
Frühstück							
Schule, Uni, Lehrbetrieb							
Heimweg							
Essen							
Hausaufgaben							
Verein							
Sport							
Hobbys							
Musik hören							
Telefonieren							
Fernsehen							
Lesen							
Hausarbeit							
Freunde							
anderes							

Übung 55:

Überlegen Sie nun, wofür Sie gerne mehr Zeit übrig hätten und wofür Sie zu viel Zeit aufwenden! Um dies übersichtlich zu gestalten, ist es hilfreich, einen Zeitkuchen zu erstellen. Das ist ein runder Kreis, der aussieht wie ein Kuchen, der in einer runden Springform gebacken wurde – daher der Name. In diesen Kreis tragen Sie entsprechend große Kuchenstücke ein! Beispiel: Haben Sie festgestellt, dass Sie etwa ein Viertel Ihrer Zeit vor dem Fernseher verbringen, dann füllen Sie ein Viertel des Zeitkuchens entsprechend aus. Tragen Sie alle Tätigkeiten ein, die während eines normalen Tagesablaufs in Ihrem Alltag immer wiederkehren. So können Sie schnell sehen, wie viel Raum jede Tätigkeit einnimmt, mit welchen Dingen Sie evtl. Zeit verschwenden und wo Sie Zeit einsparen können.

Mein Zeitkuchen (bisher):

Nachdem Sie diesen Kuchen erstellt haben, fertigen Sie nun Ihren Wunsch-Zeitkuchen an!

Mein Zeitkuchen (Ziel):

3.2 Wie die Tageszeit die Lernfähigkeit beeinflusst

Im unmittelbaren Anschluss an eine umfangreiche Mahlzeit zu lernen, ist nicht sinnvoll. Das haben wir bereits im ersten Kapitel festgestellt. Allerdings ist dies recht unabhängig von der Tageszeit. Die Tageszeit spielt beim Lernen und geistigen Arbeiten aber durchaus eine Rolle.

Natürlich kann man nicht verallgemeinernd sagen, dass es für alle Menschen am besten sei, wenn sie um 10.00 Uhr morgens lernen oder arbeiten. Bei vielen Berufen ist das auch gar nicht realisierbar. Denken Sie z. B. an Journalisten, die zu allen möglichen Tages- und Nachtzeiten arbeiten, oder an Schichtarbeiter, die abwechselnd am Tag oder in der Nacht fit sein müssen. Da spielt dann aber auch die Gewohnheit eine Rolle.

Allerdings zeigen Untersuchungen, dass bei den meisten Menschen ein Leistungshoch zwischen 8.00 und 12.00 Uhr morgens und dann wieder zwischen 16.00 und 18.00 Uhr zu verzeichnen ist. In der Zeit zwischen 8.00 und 12.00 Uhr sind Sie ja meistens in der Schule oder in der Universität und nutzen somit die erste Zeitspanne des Tages, die nachweislich zum Lernen gut geeignet ist. Sie müssen sich in diesem Fall also nur noch Gedanken über die effektive Nutzung des Nachmittags machen.

Tipp

Müssen Sie beispielsweise am Wochenende oder in den Ferien lernen, dann könnten Sie ausprobieren, ob die Zeit am Morgen nicht auch für Sie die bessere Lernzeit ist. Stehen Sie lieber auch in den Ferien zeitig auf (es muss ja nicht gleich um 7.00 Uhr sein), statt bis 11.00 Uhr im Bett zu liegen, und setzen Sie sich direkt nach dem Frühstück an den Schreibtisch.

Das Mittagstief

In der Zeit zwischen den beiden Hochphasen ist das Lernen oft gar nicht so erfolgreich. Da sich nach einem Mittagessen ja sowieso eine Pause anbietet, trifft sich das eigentlich ganz gut. Bedenken Sie auch, dass Sie gerade nach der Schule oder Universität den Kopf noch mit dem Unterrichtsstoff vom Vormittag voll haben und schon dadurch oft erschöpft sind.

Tipp

Testen Sie, ob Sie nicht nach einer ausgiebigen Pause, in der Sie sich entspannt haben, ab 16 Uhr besser lernen können als direkt im Anschluss an die Schule oder Universität.

Wer allerdings in dem Bewusstsein, dass er später noch einiges lernen muss, Stress empfindet und sich nicht entspannen kann, dem sei zunächst davon abgeraten. Vielleicht gelingt es Ihnen aber unter Anwendung besserer Lernmethoden, das Lernen nicht mehr als Stress zu empfinden. Dann könnten Sie zu einem späteren Zeitpunkt ausprobieren, ob Sie am späten Nachmittag besser lernen können als in der Mittagszeit.

Frühmorgens

Eine ungünstige Zeit zum Lernen ist der ganz frühe Morgen, also die Zeit kurz nach dem Aufstehen. Sie eignet sich gar nicht, mal eben auf die Schnelle noch die Hausaufgaben zu erledigen, denn dann ist der Zeitdruck viel zu groß, als dass man sich vernünftig konzentrieren könnte. Vielleicht muss man auch noch in letzter Minute zum Bus hetzen und der Tag fängt schon ganz schlecht an. Außerdem braucht der Mensch nach dem Aufstehen erst einmal ein bisschen Anlaufzeit, bis er geistig fit ist. Bei Morgenmuffeln ist das natürlich besonders ausgeprägt.

Spätabends

Ebenfalls kaum geeignet zum geistigen Arbeiten sind in der Regel die späten Abendstunden bzw. die Nacht, wenn Sie sich eigentlich erholen sollten. Im Grunde kennt das jeder aus eigener Erfahrung. Am Abend nach einem anstrengenden Tag haben Sie meistens kaum noch Lust und Energie. Schüler, die abends nach 20.00 Uhr noch ihre Hausaufgaben erledigen, tun das meistens mehr oder weniger lustlos und nicht mehr konzentriert und werden kaum ihre geistige Höchstform erreichen. Arbeiten Sie also möglichst nicht am späteren Abend, sondern nutzen Sie diese Zeit, um sich zu erholen.

Arbeiten Sie außerdem möglichst immer etwa zur gleichen Zeit. Auf diese Weise gewöhnen Sie sich an feste Lernzeiten und schalten so nahezu automatisch auf Lernen um. Sind Sie allerdings nach gründlicher Prüfung verschiedener Lernzeiten absolut der Überzeugung, dass Sie trotz entgegenlautender Untersuchungen Ihr persönliches Leistungshoch ab 14.00 Uhr haben, dann bleiben Sie dabei. Ausnahmen bestätigen die Regel! Natürlich können auch in diesem Fall individuelle Schwankungen bestehen.

3.3 Pausen sind wichtig

Haben Sie sich auch schon einmal dabei ertappt, wie Ihre Gedanken während des Lernens auf einmal mit etwas ganz anderem beschäftigt sind? Dass sie einfach hin und her schweifen und Sie wie von selbst vom Lernstoff abgelenkt werden? Vielleicht ermahnen Sie sich in einem solchen Fall oft selbst: „Mensch, nun konzentriere dich wieder! Du bist mit deinen Gedanken ja schon wieder woanders!"

Sie müssen deswegen nicht gleich an Ihrer Konzentrationsfähigkeit zweifeln, denn diese sogenannten unbewussten Pausen können Sie gar nicht wirklich beeinflussen. Sie treten in bestimmten Abständen automatisch ein, dauern etwa 30 Sekunden und helfen Ihrem Körper und Geist, sich kurzzeitig zu entspannen.

Aber auch darüber hinaus brauchen Sie Pausen. Ihr Körper ist schließlich keine Maschine, die Sie morgens ein- und abends ausschalten. Planen Sie daher Pausenzeiten direkt mit in Ihren Arbeitsablauf ein. Falsch wäre es, zu denken, dass Pausen Ihnen ja nur die Zeit zum Lernen rauben, also unnötig verbrauchte Zeit seien. Das Gegenteil ist der Fall: Es ist erwiesen, dass Pausen Ihnen helfen, mehr zu leisten.

Wenn Sie während des Lernens ausreichend Pausen machen, hat dies viele positive Effekte:

- Sie geben Ihrem Gedächtnis die Möglichkeit, das Gelernte in Ruhe zu verarbeiten. Dieser Vorgang tritt meist unbewusst ein.
- Zudem behindern sich zwei zu nah aufeinanderfolgende Lernvorgänge gegenseitig, sodass daher Pausen sinnvoll sind.
- Eine ebenfalls positive Wirkung der Pause ist, dass Sie wegen der erwarteten Lernunterbrechung motivierter sind und vorher mehr leisten, wenn Sie sich sagen können: „Danach habe ich mir eine Pause verdient!"

Beachten Sie bei Ihrer Pausenregelung die folgenden Punkte:
- Machen Sie die Pausen schon dann, wenn Sie noch relativ fit sind, so kommt es nicht zu einer Überforderung und nicht dazu, dass Sie total erschöpft sind. Anderenfalls könnte dann nur noch eine sehr ausgiebige Pause helfen.
- Legen Sie öfter Kurzpausen ein: Schon eine kurze Unterbrechung von einer Minute hilft Ihnen, sich zu erholen.
- Die Pausen, die am besten zwischen verschiedenen Lernabschnitten oder -themen gemacht werden, dürfen nicht zu kurz sein, damit sich die verschiedenen Lernstoffe nicht stören.
- Pausen dürfen andererseits aber auch nicht zu lang sein, sonst verlieren Sie die Lust, zu lernen, und müssen sich wieder neu auf das Arbeiten einstellen.
- Bleiben Sie in Ihrer Pause nicht an Ihrem Schreibtisch sitzen, sondern tun Sie etwas anderes. Bewegen Sie sich (Dehnungsübungen), essen Sie etwas oder hören Sie Musik.
- Setzen Sie sich bei schönem Wetter zehn Minuten in die Sonne.
- Erledigen Sie einzelne Lernetappen und machen Sie dann Ihre (wohlverdiente) Pause.
- Legen Sie die Pausen möglichst zwischen verschiedene Lerninhalte. Das hilft Ihnen, mit dem Alten abzuschließen, bevor Sie mit etwas Neuem beginnen.
- Wenn dies nicht möglich ist, legen Sie Ihre Pause so, dass Sie möglichst leicht wieder in den Stoff hineinfinden. Machen Sie also eher eine Pause nach einer schwierigen Übung als vor dieser. Notieren Sie sich ein Stichwort, das Sie nach der Pause

daran erinnert, an welcher Stelle Ihres Lernstoffs Sie weiter-machen müssen.

Wie lang sollten die Pausen sein?

Sicherlich gibt es keine allgemeingültigen Regeln, die auf jeden Lernenden zutreffen. Das ist abhängig vom Alter, von dem Stoff, an dem Sie arbeiten, und natürlich auch von Ihrer indivi-duellen Konzentrationsfähigkeit. Es hat sich allerdings bewährt, nach einer Arbeitsphase von etwa 30 Minuten eine Pause von fünf Minuten einzulegen.

Da die Hausaufgaben der einzelnen Fächer oft in der Zeit einer Arbeitsphase zu erledigen sind, bietet es sich an, entsprechend zu verfahren und vor dem Wechsel zu einem neuen Fach eine kleine Pause anzusetzen. Brauchen Sie 40 Minuten für ein Fach, dann arbeiten Sie durch und machen die Pause dann anschlie-ßend.

Nach einer Stunde sollten Sie allerdings auf jeden Fall eine Pause von mindestens zehn Minuten einplanen. Auch dies ist wieder flexibel zu handhaben. Wenn Sie absehen können, dass Sie in zehn Minuten schon mit Ihrem nächsten Lernabschnitt fertig sind und sich noch nicht zu erschöpft fühlen, arbeiten Sie durch und pausieren Sie anschließend.

Die Pausenplanung ist selbstverständlich auch vom Inhalt des Lernstoffs abhängig. Bei anstrengenden Arbeiten, z. B. beim Übersetzen oder bei schwierigen Mathematikaufgaben, sollten Sie sich bereits nach einer halben Stunde erholen.

Geht es um die Zusammenfassung eines komplexen, schwieri-gen Textes, wie es beispielsweise in den Fächern Sozialkunde oder Politik oft gefordert wird, dann ist eine längere Lerneinheit einzuplanen. Zunächst muss der Text gelesen und verstanden werden, dann das Wichtigste markiert und zuletzt schließlich schriftlich zusammengefasst werden. In diesem Fall wäre es kontraproduktiv, nach dem Verstehen aufzuhören, um sich nach einer Pause erneut einarbeiten zu müssen. Die erneute Einarbeitung würde umso mehr Zeit benötigen, die Ihnen eventuell an anderer Stelle später fehlen würde. Nach etwa eineinhalb Stunden sollten Sie aber auch bei komplexen Arbeiten eine Pause von mindestens 15 Minuten einlegen.

Tipp

Sie müssen Ihre Pausenregelung immer auf den Schwierigkeitsgrad der Aufgaben, die wiederum von Tag zu Tag variieren, abstimmen und selbst erproben. Bevor Sie also einen Plan für einen Arbeitsnachmittag aufstellen, prüfen Sie zunächst, wie anstrengend und damit zeitaufwendig die Aufgaben für Sie persönlich sein werden. Meist können Sie sich da auf Ihre Erfahrung verlassen. Erst danach stellen Sie Ihren Plan zusammen.

Beispiel für einen Lernplan mit Pausenregelung:

Arbeitszeit	16.00–16.30 Uhr	Deutsch
Pause	16.30–16.35 Uhr	
Arbeitszeit	16.35–17.10 Uhr	Mathematik
Pause	17.10–17.20 Uhr	
Arbeitszeit	17.20–18.00 Uhr	Englisch
Ende!		

Übung 56:

Stellen Sie für den morgigen Tag einen Arbeits- und Pausenplan auf! Beachten Sie dabei den von Ihnen kalkulierten Schwierigkeitsgrad und Zeitbedarf. Wenn Sie nicht genau abschätzen können und unsicher sind, wie viel Zeit Sie jeweils brauchen werden, veranschlagen Sie lieber etwas zu viel als zu wenig.

Arbeits- und Pausenplan für: _____

Arbeitszeit/Fach	Pause

Diesen Plan können Sie in der Regel nicht direkt für eine komplette Woche erstellen, weil Sie meist täglich neue Aufgaben gestellt bekommen. Sie müssen also für jeden Tag einen Plan neu aufstellen.

Allerdings wird Ihnen die Pausenregelung nach einiger Zeit so vertraut sein, dass Sie nahezu automatisch die Pausen richtig setzen. Dann müssen Sie nur noch vor Arbeitsbeginn kurz überlegen und nicht mehr jedes Mal extra schriftlich einen Plan festhalten.

> **Tipp**
>
> Faustregel für die Pausengestaltung: Nach einer halben Stunde fünf Minuten Pause, nach einer Stunde zehn Minuten, nach eineinhalb Stunden 15 Minuten. Nach zwei Stunden müsste die Pause dann schon mindestens eine halbe Stunde lang andauern.

Nehmen wir einmal an, Sie müssen intensiv für eine Arbeit lernen und wollen das am Wochenende machen. Insgesamt haben Sie vier Stunden zum Lernen veranschlagt. In diesem Fall sollten Sie die vier Stunden lieber auf zwei zweistündige Arbeitseinheiten aufteilen, die z. B. an beiden Vormittagen zwischen 10.00 und 12.00 Uhr liegen. Sie werden so weniger ermüdet sein, als wenn Sie versuchen, alles auf einmal – also in vier Stunden – zu schaffen. Mit den (notwendigen) Pausen würden aus den vier Stunden außerdem weit mehr als fünf Stunden. Dies könnte dazu führen, dass Sie frustriert und demotiviert sind: „Der halbe Tag ist fürs Lernen draufgegangen."

Wenn Sie regelmäßig Pausen einlegen, sorgen Sie damit für die notwendige Erholung und steigern Ihre Leistungsfähigkeit. Die Zahl der unbewussten Pausen, von denen zu Anfang die Rede war, nimmt auf diese Weise ab. Der motivierende Charakter der Pausen führt zusätzlich zu einer Leistungssteigerung, gewissermaßen zu einem Endspurt.

> **Tipp**
>
> Sie sind beim Lernen gestört worden, obwohl Sie versucht haben, möglichst viele Störfaktoren auszuschalten? Es hat geklingelt und Sie mussten öffnen. Diese Störung ist bereits passiert, Sie sind nun sowieso schon aus dem Lernen herausgerissen worden. In diesem Fall sollten Sie das Beste daraus machen und eine Pause einlegen.

Mithilfe der Checkliste können Sie kontrollieren, ob Sie Ihre Arbeits-/Pausenzeit gewinnbringend einsetzen.

Checkliste: Pausen

- Legen Sie häufiger kurze Pausen ein?
- Machen Sie Pausen zwischen verschiedenen Fächern/Themen?
- Sind die Pausen ausreichend lang?
- Verlassen Sie bei längeren Pausen Ihren Arbeitsplatz, bewegen Sie sich?
- Wählen Sie die Pausen so, dass Sie einen leichten Wiedereinstieg haben?

Bewahren Sie sich bei aller Planung Ihre Flexibilität: Eine Pause kann auch einmal etwas später beginnen – je nachdem, was gerade ansteht. Machen Sie sich zu Beginn jeder Pause bewusst, dass Sie sich diese Pause verdient haben, da Sie ja bereits einen Teil Ihrer Aufgaben erledigt haben und sich nach Ihrer Pause an die restlichen Aufgaben setzen werden. Das hilft Ihnen, sich mit ruhigem Gewissen zu entspannen!

Sie schaffen es noch nicht, Pausen regelmäßig einzuplanen und durchzuführen, oder Sie vergessen häufig, eine Pause zu machen? Dann sollten Sie eine Pause spätestens dann machen, wenn Sie Folgendes an sich beobachten:

- Sie haben das Bedürfnis sich zu rekeln und zu strecken.
- Sie müssen immer wieder gähnen.
- Ihre Gedanken schweifen immer wieder ab.
- Sie bekommen Hunger oder Durst.
- Sie müssen auf die Toilette.
- Sie machen häufiger Fehler (Rechtschreibfehler, Tippfehler, Rechenfehler).
- Sie sind deprimiert.
- Sie sind verspannt.

- Sie fühlen sich erschöpft.
- Sie trödeln und sind nicht mehr in der Lage, in Ihrem gewohnten Tempo zu arbeiten.
- Sie suchen nach Wörtern/Begriffen, die Ihnen nicht einfallen.
- Sie lesen mehrmals hintereinander denselben Text, ohne ihn zu verstehen.

Wie wäre es nach diesem Abschnitt mit einer Pause? Anschließend sollten Sie die folgende Konzentrationsübung machen.

Übung 57:

Unten und auf der nächsten Seite finden Sie Zahlen- und Buchstabenkombinationen paarweise angeordnet. Wie viele gleiche Paare erkennen Sie?

a) 123456789	b) mnmnumn	
123456789	mnmunmn	
c) 567898765	d) klklmklklm	
567888765	klklmklklm	
e) 987654321	f) bpüäüäööü	
987854321	bpüäöäööü	
g) 346789983	h) uiztrtrtzuirr	
346789983	uiztrtrtzuirr	
i) 146793541	j) hmnbhmnhb	
145793547	hmnhbmnhb	
k) 689689689	l) codocaucoca	
689689689	codocauocca	

m) 1A45AE8Z   n) 89RTMN8M
     1A45AE8Z   89RTNM8M

o) 2S8SO8SPI   p) POI1IWVPO
     28SSO8SPI   POI1IWVPO

3.4 Wie Zeitdruck die Lernfähigkeit einschränkt

Sie erinnern sich: Es wurde im ersten Abschnitt bereits kurz angesprochen, dass es sich unter Zeitdruck nicht gut lernen lässt. Ein Termin, der beispielsweise nachmittags noch ansteht, kann Sie beim Lernen unter Druck oder sogar unter Stress setzen. Auch die Zeit vor dem Frühstück ist nicht für die letzten Hausaufgaben geeignet – wegen des Zeitdrucks, unter dem Sie morgens stehen.

Das Lernen findet in solchen Fällen unter Stress statt. Sie denken ständig: „Ich schaffe es nicht, ich muss gleich weg." Die Ihnen eigentlich – trotz des Termins – zur Verfügung stehende Zeit wird dadurch noch viel geringer. Statt der Stunde, die Sie hätten, bleibt an effektiver Zeit, in der Sie auch etwas leisten, nur eine halbe Stunde.

Selbst geschaffener Zeitdruck

Zeitdruck entsteht aber auch vor allem dann, wenn Sie infolge einer schlechten Zeiteinteilung viel zu spät mit dem Lernen für eine anstehende Arbeit beginnen, obwohl Sie wahrscheinlich schon seit über zwei Wochen wissen, wann die Arbeit geschrieben wird. Und dabei hätten Sie doch wirklich genug Zeit gehabt! Zeitdruck können Sie also selbst verhindern, indem Sie professionell planen und rechtzeitig mit dem Lernen beginnen.

Natürlich, für eine Arbeit in einem Fach, das Ihnen leichtfällt, brauchen Sie nicht lange zu üben. Es geht um die Fälle, in denen Sie immer wieder das Üben hinausschieben, weil Sie das Fach eben nicht so mögen und weil es Ihnen schwerfällt.

Das geht nicht nur Ihnen so: Tim und Svenja sind im gleichen Biologiekurs. Am Montag steht eine Biologieklausur an. Beide wissen das schon seit einiger Zeit und haben in diesem Fach seit Schuljahresbeginn nur mittelmäßige Zensuren.

Tim hat in der Woche vor der Klausur jeden Tag einen Abschnitt bearbeitet. Am folgenden Tag wiederholt er das Erarbeitete des vergangenen Tages noch einmal und nimmt sich anschließend das nächste Kapitel vor. Am Wochenende wiederholt er alles noch einmal und ist mit sich zufrieden.

Svenja dagegen hat sich alles für das Wochenende aufgehoben. Sie lernt den ganzen Sonntag, hat dabei aber nicht mehr genügend Zeit, etwas zu wiederholen. Bei einigen Themen stellt sie fest, dass sie noch weitere Informationen bräuchte, eine zeitaufwendige Internetrecherche hilft ihr aber auch nicht weiter. Und Tim, den sie anzurufen versucht, ist inzwischen im Kino. Abends ist sie fix und fertig, fällt ins Bett und kann lange nicht einschlafen, weil sie Angst vor dem kommenden Tag hat.

Beide haben etwa gleich viel Zeit zum Lernen aufgewendet. Während Tim aber angemessene Lerneinheiten gewählt hat und überhaupt nicht unter Zeitdruck stand, liegt bei Svenja der gegenteilige Fall vor. Sie hat viel zu viel an einem Tag zu lernen versucht. Ein so großes Pensum auf einmal zu bewältigen, ist nicht möglich. Dabei stand sie unter großem Zeitdruck, was ihre Konzentrationsfähigkeit zusätzlich einschränkte.

Dieses Beispiel soll verdeutlichen, dass Sie das Lernen für Arbeiten frühzeitig planen müssen, insbesondere für solche, die Ihnen aller Voraussicht nach Probleme bereiten. So vermeiden Sie, dass Zeitdruck entsteht, den Sie selbst zu verantworten haben, der Sie unter Stress setzt, Ihre Lernfähigkeit behindert und Ihnen zudem noch ein schlechtes Gewissen bereitet.

Tipp

Machen Sie sich bewusst: Für Zeitdruck sind Sie dann selbst verantwortlich, wenn Sie Ihre Zeit schlecht beziehungsweise gar nicht geplant haben. Planen Sie daher frühzeitig und vorausschauend und verhindern Sie somit belastenden Zeitdruck!

Wenn Sie so verfahren, geraten Sie auch nicht in Panik, wenn etwas Unvorhergesehenes passiert und Sie kurzfristig einen Termin (z. B. einen Arzttermin) wahrnehmen müssen.

Einmal ganz abgesehen von der Tatsache, dass Zeitdruck die Konzentrationsfähigkeit einschränkt, ist es wenig förderlich, den gesamten Prüfungsstoff auf einmal „reinzupauken". In Untersuchungen wurde nachgewiesen, dass Lernende, die täglich lange Lernetappen durchführen, langsamer und schlechter lernen als andere, die die gleichen Aufgaben auf mehrere kürzere Etappen an verschiedenen Tagen verteilen.

Tipp

Müssen Sie für einen Test Vokabeln oder Ähnliches lernen, schreiben Sie diese auf Kärtchen, die Sie mitnehmen und bei verschiedenen Gelegenheiten einfach mal zwischendurch anschauen können, z. B. beim Busfahren oder wenn Sie beim Arzt oder beim Friseur warten müssen. Dies hat mehrere positive Effekte: Sie lernen besser als am letzten Tag vor dem Test, Sie geraten nicht unter Zeitdruck und Sie nutzen die Zeit sinnvoll.

Zeitreserven schaffen

Wenn Sie oft unter Zeitdruck stehen – nicht nur vor Klausuren und Prüfungen, sondern vielleicht sogar täglich –, dann kann es daran liegen, dass Sie für die verschiedenen Tätigkeiten einfach zu wenig Zeit einplanen. Um dies zu verändern, sollten Sie einmal an einem bestimmten Tag für die üblichen Tätigkeiten extra viel Zeit einplanen – doppelt so viel, wie Sie sonst kalkuliert hätten. Bei einer solchen Planung können Sie sogar eine unvorhergesehene Störung ganz gut verkraften.

Planen Sie nicht nur, wie viel Zeit Sie voraussichtlich für bestimmte Aufgaben benötigen, sondern kontrollieren Sie auch, wie viel Zeit Sie tatsächlich gebraucht haben. So lernen Sie, sich und Ihr persönliches Arbeitstempo besser einzuschätzen. Sie können dafür die folgende Tabelle zur Hilfe nehmen.

Aufgabe	geschätzte Zeit normal – doppelt		tatsächliche Zeit
Deutsch	30 min	60 min	40 min

Sollten Sie sich in ähnlicher Weise verschätzt haben, wie es im obigen Beispiel der Fall ist, dann wissen Sie nun, dass Sie selbst Zeitdruck verhindern können, indem Sie nämlich zukünftig genug Zeitreserven einplanen.

Wenn Sie fast täglich unter Druck geraten und mit Ihrer Zeit überhaupt nicht auskommen, dann führen Sie diesen Versuch am besten über eine ganze Woche hinweg durch. Kontrollieren Sie, wie viel Zeit Sie tatsächlich brauchen, und gleichen Sie Ihren Plan in der nächsten Woche an die ermittelten Zeiten an. Lassen Sie sich aber auch hier weiterhin einen kleinen Spielraum. Beim oben angegebenen Beispiel sollten zukünftig statt 40 Minuten 50 Minuten einkalkuliert werden. Nehmen Sie sich lieber etwas zu viel Zeit als zu wenig. So verhindern Sie, dass Sie unter Zeitdruck und in Stress geraten. Ein weiterer positiver Nebeneffekt einer großzügigen Zeitplanung ist, dass Sie sich letztlich über Ihre gewonnene Freizeit freuen können. Das gibt zusätzliche Motivation für spätere Aufgaben.

Manch einer glaubt aber, auch dann unter großem Zeitdruck zu stehen, wenn er im Nachhinein feststellen muss, dass er eigentlich genügend Zeit hatte (abgesehen von der Zeit, die er durch das Gefühl verschwendet hat, unter Zeitdruck zu stehen). Natürlich gibt es auch den gegenteiligen Fall: Jemand glaubt, genügend Zeit zu haben, und merkt am Ende der Klassenarbeit, dass er die Zeit doch falsch eingeschätzt hat. Zum einen liegt das daran, dass die zu erledigenden Tätigkeiten und damit der Zeitbedarf für das Lernen – eines bestimmten Kapitels etwa – falsch eingeschätzt werden. Zum anderen spielt aber auch das Zeitgefühl, das sehr unterschiedlich ausgeprägt sein kann, eine Rolle.

Unser Zeitempfinden hängt von den verschiedensten Faktoren ab: Eine Woche, die mit alltäglichen Arbeitsabläufen – morgendlichem Aufstehen, Zur-Schule/Universität-Gehen, Nach-Hause-Kommen, Hausaufgaben, Fernsehen, Schlafengehen – vollgestopft ist, kommt uns oft vor, als sei sie nur so dahingeflogen. Dagegen kann ein Tag, der uns unendlich langweilig vorkommt, weil wir nichts zu tun haben, länger als eine Woche erscheinen. Wie Sie etwas zeitlich einschätzen, hängt auch davon ab, ob Sie – etwa vor einer umfangreichen Arbeit – Angst haben oder zuversichtlich sind.

Das Zeitgefühl trainieren

Auch wenn das Zeitempfinden von vielen Faktoren abhängig ist, können Sie es dennoch trainieren. Nehmen Sie sich vor, fünf Minuten lang etwas Bestimmtes zu tun, in einem Buch zu lesen, ein Kreuzworträtsel zu lösen oder auch nur abzuwarten, bis der Tee lange genug gezogen hat. Stoppen Sie die Zeit dabei und vergleichen Sie anschließend Ihr Zeitempfinden und die tatsächlich vergangene Zeit. Führen Sie diese Übung öfter durch, so werden Sie nach und nach ein besseres Zeitgefühl entwickeln.

Sie können auch folgendermaßen verfahren: Nehmen Sie sich eine bestimmte Aufgabe vor, die Sie zu erledigen haben. Diese sollte möglichst überschaubar sein, also z. B. einen Text im Geschichtsbuch lesen. Schätzen Sie, wie lange Sie dafür brauchen werden, stoppen Sie die Zeit und vergleichen Sie diese dann mit der von Ihnen empfundenen Zeitspanne. In diesem Fall trainieren Sie neben Ihrem Zeitempfinden auch Ihr Einschätzungsvermögen dahingehend, wie lange Sie für bestimmte Aufgaben brauchen.

Dem Zeitdruck entgegenwirken

Wenn wir unsere Ziele nicht erreichen, reden wir uns häufig damit heraus, dass wir einfach zu wenig Zeit hatten. Oft stimmt dies zwar, da im Alltag nicht selten vieles zusammenkommt, was am besten gestern noch erledigt sein will, doch können wir diesem Zeitdruck entgegenwirken, wenn wir uns unseren Tag oder unsere Woche einfach besser einteilen. So bleibt auch noch genügend Zeit übrig, an der Verwirklichung unserer Ziele zu arbeiten.

Für Zcitdruck sind wir oft selbst verantwortlich, durch schlechte Planung, aber auch durch unser eigenes Verhalten.

Übung 58:

Prüfen Sie anhand der folgenden Tabelle selbstkritisch, welche Gründe für Ihren Zeitdruck bei Ihnen zutreffen!

	trifft zu
Ich zögere den Beginn einer Arbeit / des Lernens gern hinaus.	
Ich halte mich oft mit unwichtigen Dingen auf.	
Ich schließe eine angefangene Arbeit nicht ab, sondern wechsle zur nächsten über.	
Ich mache keine Pausen.	
Ich arbeite sehr hastig, sodass ich oft Fehler mache.	
Mein Zeitplan ist zu eng und lässt keinen Platz für unvorhergesehene Dinge.	
Ich unterschätze die Zeit, die ich für die Aufgaben benötige.	
Ich bin unordentlich, dadurch verschwende ich immer wieder Zeit, weil ich etwas suchen muss.	
Ich will alles perfekt erledigen – zu perfekt! Daher überarbeite ich vieles wieder und wieder.	
Ich schiebe unangenehme Dinge gern auf.	
Ich kann nicht „Nein" sagen, wenn andere mich um etwas bitten. Ich lasse mir immer wieder Neues aufdrängen.	
Ich habe Probleme damit, Prioritäten zu setzen. Ich weiß nicht, womit ich anfangen soll.	
Ich will alles selbst machen und kann Aufgaben schlecht an andere abgeben.	
Ich will immer für meine Freunde erreichbar sein, daher ist mein Handy immer an und ich werde oft gestört und büße so Zeit ein.	

Wenn mehrere der oben genannten Punkte auf Sie zutreffen, dann denken Sie darüber nach, was und wie Sie es ändern können! Machen Sie sich bewusst: „Nobody is perfect!" Es geht auch mal mit weniger als 100 Prozent! Sie müssen nicht perfekt sein. Schalten Sie das Handy einfach mal ab! Üben Sie sich das nächste Mal im „Nein" sagen, wenn Ihnen jemand eine Aufgabe übertragen will und es Ihnen überhaupt nicht in den Plan passt. Geben Sie selbst eine Aufgabe auch einmal ab und bitten Sie Ihre Familie, Freunde oder Kommilitonen um Unterstützung. Erledigen Sie unangenehme Dinge zeitig, damit sie Ihnen nicht ständig im Kopf herumgehen und Sie nicht ständig das schlechte Gewissen quält.

Und: Planen Sie Ihre Zeit! Zeitplanung spart letzten Endes Zeit, auch wenn Sie zunächst etwas Zeit dafür verwenden müssen. Denn Zeitplanung entlastet das Gehirn, da Sie von vornherein festlegen, wann und in welcher Reihenfolge Sie etwas erledigen werden. Planen Sie nicht, ist die Gefahr größer, sich mit unwichtigen Dingen aufzuhalten oder von einer angefangenen Arbeit zur nächsten zu wechseln. Natürlich erfordert Zeitplanung auch Disziplin – aber diese zahlt sich aus.

Haben Sie Probleme damit, Prioritäten zu setzen, versuchen Sie es einmal mit folgender Methode: Planen Sie jeden Abend Ihre Aufgaben für den nächsten Tag. Unterscheiden Sie dabei Ihre Aufgaben nach Wichtigkeit und Dringlichkeit in A-, B-, C- und D-Aufgaben:

- **A-Aufgaben** sind wichtig und dringend. Zum Beispiel: Am darauffolgenden Tag steht eine Klausur/Prüfung an, für die Sie noch einmal den Lernstoff wiederholen müssen, außerdem müssen noch Hausaufgaben für den nächsten Tag erledigt werden.
- **B-Aufgaben** sind nicht dringend, aber für die Zukunft wichtig. Zum Beispiel: Sie müssen sich bis Ende der Woche für den

Führerschein anmelden. Bedenken Sie: Eine B-Aufgabe kann zu einer A-Aufgabe werden, wenn sie nicht vorzeitig erledigt wird.

- **C-Aufgaben** sind dringend, aber nicht wirklich wichtig für den Lernerfolg. Zum Beispiel: das typische Tagesgeschäft, das Aufräumen der Wohnung, das Wäschewaschen oder das Abheften der Arbeitsunterlagen.
- **D-Aufgaben** sind weder wichtig noch dringend. Es entsteht kein Schaden, wenn diese nicht erledigt werden.

Planen und erledigen Sie Ihre Aufgaben in der folgenden Reihenfolge: Erst A, dann B, dann C und zuletzt D.

Checkliste: Zeitgefühl und Zeitreserven

- Planen Sie Ihre Zeit so genau wie möglich.
- Kalkulieren Sie stets großzügig, um unvorhergesehene Störungen gut verkraften zu können.
- Kontrollieren Sie, wie viel Zeit Sie tatsächlich für Ihre Aufgaben benötigen.
- Trainieren Sie Ihr Zeitgefühl, indem Sie schätzen, wie lange verschiedene kleine Arbeiten (eine Buchseite lesen, Tee kochen usw.) dauern.
- Stoppen Sie gleichzeitig die Zeit, um herauszufinden, ob Sie sich auf Ihr Zeitempfinden verlassen können.

Nehmen Sie sich nun die Zeit, um die folgende Konzentrationsübung zu lösen.

Übung 59:

Zählen Sie die verschiedenen Symbole auf der folgenden Seite! Es ist dabei lediglich die Form maßgeblich, die Größe der Symbole ist unbedeutend.

3.5 Arbeit und Freizeit ausgewogen gestalten

Laura muss in den nächsten Wochen mehrere Arbeiten schreiben. Wie so oft kommt wieder einmal alles zusammen! Da sie sich für alle Klausuren gut vorbereiten muss, streicht sie in den nächsten Wochen alle Freizeitaktivitäten aus ihrem Zeitplan. Sowohl der Aerobic-Kurs als auch die Musikschule sowie sämtliche Treffen mit Freunden werden abgesagt. Ihre Eltern sind damit sehr zufrieden, denn ihrer Meinung nach geht die Schule schließlich vor.

Laura hingegen ist alles andere als glücklich. Zwar war sie einerseits der Meinung, richtig zu handeln, andererseits ist sie aber vollkommen frustriert. Und das, noch bevor sie überhaupt mit dem Lernen angefangen hat. Das sind vielleicht Aussichten: nur lernen – und das drei Wochen lang! Sie ist ziemlich demotiviert und schon am Ende der ersten Woche merkt sie, wie sehr ihr die Treffen mit ihrer Freundin Meike und auch der Aerobic-Kurs fehlen. Nach dem Sport hat sie sich nämlich immer besonders gut gefühlt, vor allem wenn sie einen anstrengenden Tag hatte.

Glücklicherweise merkt sie früh genug, dass diese Planung nicht so geschickt war. Für die nächste Woche nimmt sie sich vor, auf keinen Fall auf ihre Hobbys zu verzichten. Und ein Mal wird sie sich auf jeden Fall mit Meike treffen. Sie wird ihre Unternehmungen zwar einschränken, aber eben nicht auf alles verzichten. Nachdem sie sich das vorgenommen hat, geht es ihr gleich wesentlich besser.

Ein ausgewogenes Verhältnis zwischen Lernen und Freizeit ist unbedingt erforderlich. Genauso, wie es schädlich wäre, wenn Sie nur Ihren Freizeitvergnügungen nachgingen, ist es auch schlecht, über längere Zeit nur zu lernen und nichts anderes mehr zu unternehmen. Die Folge ist nämlich, dass Sie absolut unmotiviert an die Arbeit gehen und sich körperlich und seelisch schlecht fühlen. Sie lernen unter diesen Bedingungen auch wesentlich schlechter, denn Sie haben weder die notwendige Erholung, noch können Sie sich durch Belohnungen motivieren, denn die haben Sie ja ausnahmslos gestrichen. Im schlimmsten Falle könnten Sie sogar krank werden. Dann holt sich der Körper nämlich selbst die Erholung, die Sie ihm nicht gönnen.

Wenn Sie also beabsichtigen, einen Zeitplan aufzustellen, dann sollten Sie sich vorher sehr genau bewusst machen, auf welche Hobbys Sie auf keinen Fall verzichten wollen, denn gerade in einer intensiven Lernphase sind diese als Ausgleich noch wichtiger als sonst und können entscheidend zum Lernerfolg beitragen.

Freizeit sinnvoll gestalten

Sie erholen sich in Stressphasen gerne vor dem Fernseher? In gewisser Weise kann sicherlich auch Fernsehen einmal entspannend sein, das kommt aber ganz darauf an, was Sie schauen und wie lange. Generell sollten Sie Ihre Freizeit jedoch nicht so häufig vor dem Fernseher verbringen, denn Fernsehen ist in Stressphasen eher schädlich, als dass es Ihnen nutzt. Einen wirklichen Ausgleich zu der intensiven geistigen Arbeit, die Sie sonst leisten müssen, erreichen Sie nur, wenn Sie Ihre Freizeit kreativ selbst gestalten.

Treiben Sie Sport, gehen Sie in einen Sportverein und informieren Sie sich über das Angebot. Fußball, Handball, Volleyball, Basketball, Judo, Karate, Leichtathletik, Aerobic, Tischtennis, Schwimmen, ein Lauftreff … Es gibt so vielfältige Möglichkeiten, da ist ganz bestimmt auch für Sie etwas dabei. In der Gemeinschaft mit Gleichaltrigen macht körperliche Betätigung gleich doppelt so viel Spaß – man kann sich schließlich richtig austoben und sich auch gegenseitig anspornen.

Vielleicht gibt es auch an Ihrer Schule eine Arbeitsgemeinschaft, die Sie interessieren könnte? Möglicherweise haben Sie Interesse daran, Theater zu spielen oder bei der Schülerzeitung mitzuarbeiten? Sind Sie nicht eigentlich immer schon ein musikalischer Mensch gewesen? Wollen Sie nicht seit Jahren ein Instrument lernen? Vielleicht lässt sich das nun wirklich einmal realisieren.

Sie zeichnen gerne? Entwickeln Sie Ihr Talent weiter, suchen Sie (wenn finanziell möglich) eine Kunstschule auf. Möglicherweise können Sie aber auch dazu beitragen, dass eine Kunst-AG an Ihrer Schule eingerichtet wird.

Sie würden sich gerne selbst einen Schal stricken? Warum nicht, es lässt sich in der Familie oder Bekanntschaft bestimmt jemand finden, der Ihnen dieses (übrigens sehr entspannende Hobby) beibringt.

Schauen Sie auch in das Programm der Volkshochschule, es bietet eine Vielfalt kreativer Angebote. Ob Seidenmalerei, Töpfern, kreatives Schreiben – der Fantasie sind keine Grenzen gesetzt. Engagieren Sie sich sozial.

Die Hauptsache ist, Sie gestalten Ihre Freizeit sinnvoll und so, dass es Ihnen Spaß macht. Wenn Sie nun geneigt sind, zu entgegnen: „So etwas macht mir niemals Spaß!", dann probieren Sie es doch erst einmal aus. Unter so vielen Angeboten findet sich mit Sicherheit auch etwas, das zu Ihnen passen könnte. Sie müssen nur offen sein und den ersten Schritt tun.

Tipp

Am Wochenende wissen Sie oft nicht, was Sie tun können und langweilen sich. Anderen geht es vielleicht ähnlich. Gehen Sie doch einmal mit ein paar Freunden zum Wandern. Das ist ein Hobby, das immer mehr jüngeren Leuten Spaß macht. Streifen Sie mit einem Rucksack ausgerüstet durch die Wälder der Umgebung und erkunden Sie diese. Besonders spannend wäre es sicherlich, wenn Sie dabei eine Übernachtung in einer Jugendherberge oder Pension einplanen würden. Bewegen Sie sich viel in der Natur und an der frischen Luft, gehen Sie spazieren, fahren Sie Fahrrad oder joggen Sie. Ihr Körper und Ihr Geist werden es Ihnen danken.

Übung 60:

Überlegen Sie nun, welche Hobbys Sie gerne wieder einmal oder vielleicht auch zum ersten Mal ausprobieren möchten!

Hobby/Tätigkeit	möchte ich ausüben
Fußball oder eine andere Ballsportart	
Judo/Karate	
Leichtathletik	
Aerobic oder Tanzen	
Tischtennis oder Tennis	
Schwimmen	
Laufen	
Wandern	
Klettern	
Yoga oder eine andere Entspannungsmethode	
Angeln	
Stressmanagement-Kurs	
Theater	
Kino	
Konzert	
Museum	
Sprachkurs	
Singen	
Kochen mit Freunden	
Ausgehen	
Politisches Engagement	

Haben Sie sich gründlich überlegt, welches der Hobbys oder welche Tätigkeit Sie in den nächsten Wochen am liebsten wieder bzw. erstmalig aufnehmen wollen? Dann machen Sie einen Plan, wie Sie Ihr Ziel erreichen können. Sie möchten z. B. endlich mal wieder ins Theater gehen. Überlegen Sie, was Sie dafür tun müssen!

Mein Ziel: Ich möchte ins Theater gehen.

Wege zum Ziel	Wann?
Programm im Internet durchsehen	
Stück auswählen	
evtl. Begleitung besorgen	
Termin auswählen	
Karten vorbestellen/kaufen	

Sie werden es schnell feststellen: Wenn Sie sich erst einmal einen vernünftigen Plan gemacht und sich etwas fest vorgenommen haben, ist es ganz einfach, ein angestrebtes Ziel in die Tat umzusetzen.

3.6 Zeitpläne erstellen und einhalten

Nachdem in den vorangegangenen Abschnitten bereits die wichtigsten Voraussetzungen für einen guten Zeitplan erarbeitet wurden, geht es nun an dessen konkrete Realisierung.

Sie können Zeitpläne
● kurzfristig: für einen Tag,
● mittelfristig: für eine Woche und
● langfristig: für mehrere Wochen
erstellen.

Checkliste: Zeitpläne erstellen

- Die Tageszeit beeinflusst Ihre Konzentrationsfähigkeit. Sie sollten Ihre Lernzeit auf den späten Nachmittag legen, möglichst nicht direkt im Anschluss an das Mittagessen, keinesfalls jedoch in die späten Abendstunden oder in die Nacht.
- Denken Sie daran, Pausenzeiten einzuplanen.
- Außerdem sollten Sie Reservezeiten für Störungen und Unvorhergesehenes einplanen.
- Vergessen Sie nicht, Ihre Freizeit mit einzubeziehen. Sie gehört zu Ihrem Plan ebenfalls dazu, genauso wie notwendige anderweitige Termine (z. B. dringende Arztbesuche).
- Bei der Abfolge Ihrer Hausaufgaben beachten Sie lernpsychologische Erkenntnisse, z. B. Ähnliches nicht hintereinander lernen.
- Gehen Sie nach Prioritäten vor: erst A-Aufgaben, dann B-Aufgaben, anschließend C-Aufgaben und zuletzt D-Aufgaben.

Der Tagesplan

Beginnen Sie mit der Planung für einen Tag, am besten gleich für den morgigen. Machen Sie sich zunächst noch einmal klar, was Sie dabei berücksichtigen sollten. Ihr Tagesplan könnte demnach folgendermaßen aussehen:

Uhrzeit	Tätigkeit
13.30–14.00	Mittagessen
14.00–15.30	Mittagspause (Musik hören, telefonieren, mit dem Hund spazieren gehen)
15.30–17.30	Lernzeit, das heißt:
15.30–16.00	Deutsch
5 Minuten	Pause

Uhrzeit	Tätigkeit
16.05–16.45	Mathematik
15 Minuten	Pause
17.00–17.30	Englisch
17.30–18.00	Reservezeit
18.00–19.00	Fahrschule
19.30 Uhr	Sportverein

Übung 61:

Stellen Sie sich vor: Sie kommen um 14 Uhr nach Hause. Auf Ihrer To-do-Liste stehen für den Nachmittag zahlreiche Aufgaben – Sie befinden sich in einer richtigen Stresszeit: Sie müssen und wollen zu Mittag essen. (Sie müssen nicht selbst kochen – das macht heute Ihre Mutter oder Ihre WG-Mitbewohnerin). Sie wollen für eine am nächsten Tag anstehende Klausur noch einmal den Stoff, der bereits ganz gut sitzt, wiederholen. Hinzu kommt, dass heute auch noch ein Zahnarzttermin ansteht. Sie haben diesen klugerweise schon zu einer günstigen Zeit terminiert, nämlich um 15.00 Uhr. Die Zahnarztpraxis ist in 15 Minuten mit dem Fahrrad zu erreichen. Sie müssen außerdem ein Referat vorbereiten, das Sie übermorgen halten müssen. Hierfür müssen Sie ca. eineinhalb Stunden einplanen. Eine Hausarbeit, die Sie morgen abgeben müssen, muss noch einmal Korrektur gelesen werden. Kurz nach dem Mittagessen ruft Ihre Schwester an und bittet Sie, am späten Nachmittag zwei Stunden auf Ihre kleine Nichte achtzugeben. Ihr Babysitter hat kurzfristig abgesagt und sie möchte sich mit einer alten Freundin treffen, die nur sehr selten in der Gegend ist.

Planen Sie nun Ihren Tag und tragen Sie die Termine des Tagesplans auf der nächsten Seite ein!

Uhrzeit	Tätigkeit

Bemerkungen:

_____

_____

_____

_____

Der Wochenplan

Die tägliche Planung halten Sie, soweit Sie diese absehen können, in einem Stundenplan fest, der für eine Woche gilt. Tragen
Sie auch Pausenzeiten ein, solange Sie sich daran noch nicht
gewöhnt haben.

Der auf S. 118 vorgegebene Wochenplaner enthält nur sechs
Tage. Ein Tag in der Woche sollte – außer während Arbeits- und
Prüfungsphasen (und auch dann nur, wenn unbedingt nötig
durcharbeiten) – frei bleiben, damit Sie einmal ganz entspannen können und nicht an die Schule/Universität denken müs-

sen. An diesem Tag sollten Sie sich einmal ganz in Ruhe allen Dingen widmen, die Sie sonst nicht machen können und die somit ständig zu kurz kommen: Schlafen Sie sich aus, frühstücken Sie ausgiebig und freuen Sie sich auf diesen freien Tag. Denken Sie vor allem daran, dass Sie sich einmal so richtig entspannen wollen und wenige Dinge machen, die Sie über die Maßen anstrengen. Sonst fühlen Sie sich an Ihrem nächsten Lerntag eher schlapp als voller neuem Tatendrang.

Benötigen Sie den siebten Tag, ergänzen Sie diesen. Am Wochenende können und sollten Sie Ihre Lernzeiten morgens einplanen, weil Sie am Vormittag erstens ausgeruhter sind und zweitens die Aussicht darauf besteht, dass Sie den Nachmittag zu Ihrer freien Verfügung haben. Dies kann ein zusätzlicher Motivationsschub sein, der Ihnen das Lernen erleichtert.

Wochenplaner

Uhrzeit	Mo	Di	Mi	Do	Fr	Sa

Übung 62:

Zum Einstieg können Sie gleich einmal den vorgegebenen Wochenplaner verwenden, um einzutragen, wann Sie welche Aufgabe in der nächsten Woche erledigen werden.

Ein Wochenplaner ist sehr praktisch, da man so alle Termine der Woche auf einen Blick hat und direkt sieht, was wann abzuarbeiten ist und wo sich z. B. spontane Verabredungen innerhalb der Woche noch unterbringen lassen.

Tipp

Schaffen Sie sich einen Kalender an, und zwar einen Wochenterminplaner, in den Sie all Ihre geplanten Aktivitäten eintragen können, auch längerfristig. Es gibt diese Timer in verschiedenen Ausführungen. Suchen Sie sich einen aus, der Ihren Ansprüchen am besten entspricht.

Außer einem Tages- und einem Wochenplan benötigen Sie nun selbstverständlich noch einen Planer für die langfristige Planung. In diesen können Sie dann auch Termine, die noch nicht unmittelbar anstehen – z. B. die Deutscharbeit in vier Wochen oder das Referat für Geschichte, das in zwei Wochen fertig sein soll – eintragen.

Bedenken Sie: Dieser langfristige Plan ist teilweise Grundlage für Ihre mittel- und kurzfristige Planung. Jedenfalls dann, wenn Sie vorausschauend und geschickt planen, und Ihr Ziel in Teilschritten erreichen wollen. Überprüfen Sie daher stets, wenn Sie Ihren Wochen- und Tagesplan aufstellen, ob Sie die langfristige Planung mit einbezogen haben, ob Sie also tatsächlich bereits etwa eine Woche vor dem Termin der Arbeit mit dem Lernen anfangen.

Haben Sie zusätzliche Termine, wie z. B. einen nicht gerade akuten Arztbesuch, dann legen Sie diesen am besten nicht in die lernintensiven Wochen vor den Klausuren. Auch andere Termine müssen nicht unbedingt dann wahrgenommen werden, wenn es eigentlich so gar nicht passt! Voraussetzung ist aber, dass Sie wirklich langfristig planen, sofern es möglich ist.

Die langfristige Planung

Für die langfristige Planung gilt es, eine Reihe von Arbeitsschritten zu beachten.

Schritt 1: Zielbestimmung
- Liste 1 umfasst Ihre Lernziele.
- Liste 2 steht für Ihre sonstigen Ziele, die Sie sich neu vorgenommen haben (z. B. Führerschein machen, neuen Tanzkurs beginnen).
- Liste 3 umfasst alle anderen wichtigen Dinge, notwendige Arzttermine ebenso wie Ihre regelmäßigen Hobbys bzw. Freizeitaktivitäten.

Schritt 2: Nötige Arbeitsschritte bestimmen
- Was müssen Sie bis zu der Arbeit, bis zur Prüfung alles lernen?
- Brauchen Sie zusätzliche Arbeitsmaterialien (z. B. Bücher, Aufzeichnungen von Mitschülern etc.) dafür?

Das Gleiche gilt für Ihre persönlichen Ziele:
- Was müssen Sie tun, um den Führerschein zu erhalten?
- Wann beginnt der nächste Tanzkurs?

Schritt 3: Zeitaufwand kalkulieren
- Wie viel Zeit benötigen Sie, um den Lernstoff für die nächste Mathematikarbeit zu verstehen?
- Wie viel Zeit benötigen Sie insgesamt (also etwa eine Woche) und wie viel täglich (z. B. eine Stunde)?

● Wie viele Wochen müssen Sie sich auf die mündliche Abschlussprüfung vorbereiten?
● Wie viel Lernstoff schaffen Sie pro Tag?

Kalkulieren Sie ebenso die benötigte Zeit für die auf Liste 2 und Liste 3 bestimmten Ziele:
● Wie lange dauert es, bis Sie den Führerschein haben?
● Wie lange dauert der Tanzkurs?
● Wie viel Zeit brauchen Sie pro Woche dafür?

Schritt 4: Zielüberprüfung / Prioritäten setzen
● Sind Ihre Ziele tatsächlich realistisch gesetzt?
● Können Sie gleichzeitig Ihre Abschlussprüfung, die Führerscheinprüfung und einen Tanzkurs machen? Wenn Sie Zweifel haben, so setzen Sie Prioritäten: erst die Abschlussprüfung, dann der Führerschein und dann der Tanzkurs, wenn noch Zeit dafür bleibt. Der Tanzkurs ist zwar schön, aber wegen des Zeitaufwands – Sie haben inzwischen festgestellt, dass Sie (inklusive Fahrt) drei Stunden an einem Nachmittag rechnen müssen – im Moment einfach nicht zu realisieren. Für die Abschlussprüfung büffeln und gleichzeitig den Führerschein machen – ganz schön viel auf einmal. Hinzu kommen die Fahrstunden – nicht wenige, wie Sie nach Erledigung von Schritt 3 wissen. Der zusätzliche Lernaufwand und vor allem der Stress, dem Sie sich aussetzen, sind auch eher ungünstig. Verschieben Sie dieses Ziel in Ihrer langfristigen Planung besser um ein Vierteljahr. Sich zu viel auf einmal vorzunehmen, führt meistens dazu, dass am Ende nichts von allem zufriedenstellend gelingt. Also erledigen Sie lieber eines nach dem anderen.

Schritt 5: Reservezeiten einplanen
Nachdem Sie Ihre Ziele überprüft haben, planen Sie auch noch Reservezeiten ein, schließlich können Sie auch vor einer Prüfung einmal eine Woche krank werden, oder andere nicht vorhersehbare Schwierigkeiten können Ihnen die Zeit rauben.

Schritt 6: Übersichtsplan mit Teilzielen erstellen

- Verteilen Sie Ihre Ziele in Etappen auf die nächsten Wochen. Vergessen Sie nicht die wichtigen Freizeitaktivitäten und notwendigen Termine.
- Sofern es sich um feste Termine handelt, können Sie diese ohne Probleme bereits eintragen.

Beachten Sie beim Festlegen Ihrer Lernzeiten und anderer Termine alle Punkte, die bisher in diesem Buch angesprochen wurden, wie Pausen einplanen, portionsweise lernen, das Mittagstief usw. Ein Kontrolltermin beim Zahnarzt oder ein Friseurbesuch wäre doch gut zwischen 14.00 und 16.00 Uhr zu legen, damit Sie Ihre Mittagsruhe gut nutzen und beim anschließenden Lernen nicht wegen eines anstehenden Termins unter Zeitdruck geraten.

Tipp

Haken Sie in Ihren Plänen die erledigten Dinge ab – und freuen Sie sich, wenn Sie etwas geschafft haben!

Viele Termine lassen sich also von vornherein günstig legen. Details dagegen, wie etwa die Abfolge von Hausaufgaben, können Sie wegen des steten Wechsels natürlich nur täglich neu festlegen. In Ihrem Wochenplan können Sie aber generell Ihre Lern- und Ihre Freizeitphasen sowie die wichtigen Termine festhalten. Und vergessen Sie nicht das vorausschauende, frühzeitige Lernen für eine Arbeit, das Sie mit täglich einer Stunde einplanen können.

Planen Sie auch unvorhersehbare Ereignisse mit ein und lassen Sie für diese genügend Luft in Ihrem Zeitplan. So können Sie bei kleinen Pannen gelassen bleiben und geraten nicht so schnell in Stress, wie es bei einem sehr dichten Zeitplan der Fall wäre.

Checkliste: Zeitpläne

Überprüfen Sie Ihren Wochenplan am Ende der Woche hinsichtlich folgender Punkte:
- Haben Sie Ihre Kapazitäten richtig eingeschätzt oder sich vielleicht doch übernommen?
- Ist Ihre freie Zeit nicht zu kurz gekommen?
- Haben Sie wirklich genug gelernt?
- Waren ausreichend Reservezeiten vorhanden?
- Haben Sie regelmäßig Pausen gemacht?

Was ist bei der Planung zu beachten?

Viele Jugendliche und junge Erwachsene stehen unter Zeitdruck und fühlen sich dadurch gestresst. Sie müssen das Lernen für die Schule oder Universität und ihre Freizeit unter einen Hut bringen. Oft gelingt das einfach nicht. Eine vernünftige und ausgewogene Planung, die beides berücksichtigt – das Lernen und die freie Zeit – ist daher sehr wichtig. Auch wenn sich das zunächst nach Verplanung anhört, gewinnen Sie durch ein gutes Zeitmanagement mehr Freiheit und Freizeit.

Bei der Planung Ihrer Lern- und Freizeit sollten Sie Folgendes bedenken: Die Tageszeit hat Einfluss auf die Lernfähigkeit des Menschen. Morgens zwischen 8.00 und 12.00 Uhr und am späten Nachmittag lernt man in der Regel besonders leicht. Sie sollten außerdem möglichst jeden Tag zur gleichen Zeit lernen und vor allem nicht unter Zeitdruck.

Besonders wichtig sind Pausen. Körper und Geist brauchen ausreichend Erholung, damit Sie leistungsfähig bleiben. Ihre Planung sollte Lernzeiten (inkl. Pausenzeiten), Zeit für Freizeitaktivitäten und auch für andere notwendige Dinge (Arztbesuche etc.) beinhalten.

Planen Sie zudem Zeitreserven ein, um nicht unter Zeitdruck zu geraten. Wollen Sie Ihre Zeitprobleme in den Griff bekommen, erstellen Sie am besten einen Tagesplan, einen Wochen- und einen Monatsplan, mit dem Sie vorausschauend planen können. Denken Sie vor allem bei Arbeiten und Prüfungen daran, frühzeitig mit dem Lernen zu beginnen, damit Sie nicht in letzter Minute in Hektik oder gar Panik geraten. Dies führt nämlich nur dazu, dass Sie sich selbst unter Druck setzen, vielleicht in der Nacht vor der Klausur nicht schlafen können und dann unausgeruht und schlecht vorbereitet zur Prüfung kommen. Es ist anzunehmen, dass Ihr Prüfungsergebnis Sie nicht zufriedenstellen wird und Sie sich ärgern werden, Ihre Zeit nicht besser eingeteilt zu haben. Doch nach der Prüfung kommen diese Erkenntnisse zu spät.

Kurz vor Abschluss dieses Kapitels sollten Sie noch einmal zwei Konzentrationsübungen machen, damit Ihre bis jetzt trainierten Fähigkeiten nicht gleich wieder verloren gehen.

Übung 63:

Prägen Sie sich die folgenden Wörter gut ein und schreiben Sie sie anschließend aus dem Gedächtnis auf!

angsteinflößend	Naturerlebnis
Buchdrucker	Original
Christkind	Pavian
Damenbluse	Querulant
Erdhügel	ruhelos
Fantasie	Sandstrand
Geldnot	Tanzkurs
Handelsweg	Unterricht
Interesse	Vereinsfest

jugendlich	wesentlich
Karussell	Xylofon
Lügner	Yen
Mondschein	Zentrum
Sonne	Stern
Frühling	Nacht
Buch	Albtraum
Auto	Mode
Hund	Wind
Papier	Brot
Bleistift	fleißig
Schnee	Herbst

Übung 64:

Finden Sie unter den folgenden Buchstaben und Zahlen alle Vokale heraus! Wie viele sind es?

```
8 s 9 t 0 u 1 m 3 n q 7 r 8 s 9 t 0 u 1
v w 2 x a 1 4 x a 1 4 3 y 4 z o 5 p 6 b
2 d 3 e 4 c 5 f 6 j 1 k l 2 m 3 n q 7 a 1
4 3 y 4 z o 5 p 6 b 2 d 3 e 4 c 5 f 6 g
7 h 8 7 r 8 s 9 t 0 u 1 v w 2 x a 1 4 3
y 4 z o 5 p 6 b 2 d 3 e g 7 h 8 i 0 j 1 k
l 2 m 3 n q 7 r r 8 s 9 t 0 u 1 i 0 j 1 k
l 2 m 3 n q 7 r 8 s 9 t 0 u 1 v w 2 d 3
e 4 c 5 f 6 g 7 h 8 i 0 j 1 k l 2 m 3 n q
v w 2 x a 1 4 3 y 4 z o 5 p 6 b 2 3 y 4
z o 5 p 6 b 2 d 3 e 4 c 5 f 6 g 7 h 8 i 0
4 c 5 f 6 g 7 h 8 i 0 j 1 k l 2 v w 2 x a
1 4 3 y 4 z o 5 p 6 b 2 d 3 e 4 c 5 f 6
g 7 h 8 i 0 j 1 k l 2 m 3 n q 7 r 8 s 9 t
0 u 1 v w 2 x 1 m n p q 3 4 z 5 z t r w
```

Checkliste: Zeit

- Überlegen Sie sich, wie Sie Ihre Zeit gut einteilen und professionell planen können.
- Falls es Ihnen schwerfällt, sich nach diesem Plan zu richten, sollten Sie sich immer den Vorteil vor Augen führen, dass Sie mithilfe dieses Zeitplans letztendlich mehr Freizeit haben werden.
- Arbeiten Sie konzentriert, um das zu schaffen, was Sie sich vorgenommen haben.
- Widerstehen Sie der Versuchung, alle möglichen Dinge erledigen zu wollen, die Sie von Ihrem Vorhaben, zu lernen, abbringen.
- Legen Sie immer wieder kurze Lernpausen ein, um neue Kraft zu tanken und sich zu erholen. Machen Sie die Pausen schon dann, wenn Sie noch relativ fit sind, um eine Überforderung und daraus resultierende totale Erschöpfung zu vermeiden.
- Beschäftigen Sie sich in dieser Freizeit mit allem Möglichen, nur nicht mit dem Lernstoff?
- Setzen Sie sich nicht unter Druck, da Sie sich damit selbst blockieren und viel weniger schaffen, als Sie sich vorgenommen haben.
- Bedenken Sie, dass Sie an einem Tag nicht endlos leistungsfähig sind. Die Leistungshochs der meisten Menschen liegen zwischen 8.00 und 12.00 Uhr morgens und dann wieder nachmittags zwischen 16.00 und 18.00 Uhr abends.
- Müssen Sie am Wochenende oder in den Ferien lernen, sollten Sie Ihre optimale Lernzeit nutzen (z. B. den Vormittag).
- Gönnen Sie sich nach Möglichkeit in der Mittagszeit eine Pause. In dieser Zeit sind Sie sowieso nicht so leistungsfähig und eine Pause bietet sich daher an.

Nun haben Sie wieder die Möglichkeit, Ihre Konzentrationsfähigkeit anhand vieler abwechslungsreicher Übungen zu trainieren, bevor es mit dem nächsten Kapitel weitergeht.

Übung 65: Würfelspiel

Aus wie vielen Würfeln besteht diese Figur?

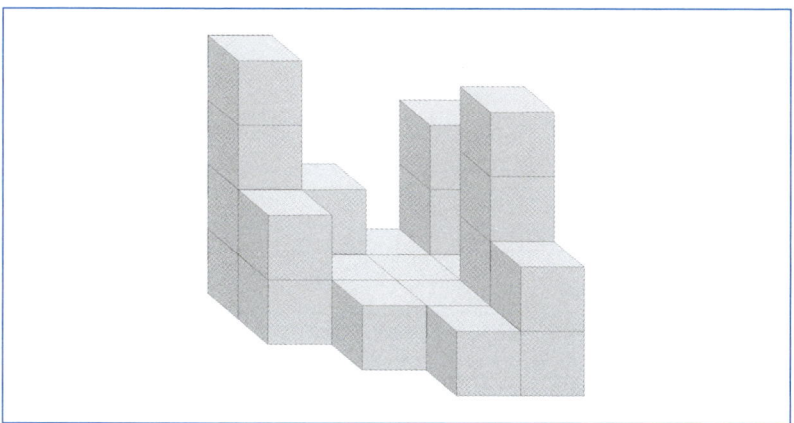

Übung 66: Fehlersuchbild

Der rechte Drache unterscheidet sich in sechs Punkten von dem linken Drachen. Finden Sie die Unterschiede?

Übung 67: Symbolpfad

Finden Sie den Weg von einem Stern zum nächsten! Sie dürfen dabei nicht diagonal gehen. Außerdem muss das nächste Feld, das Sie betreten dürfen, entweder das gleiche Symbol oder die gleiche Zahl aufweisen wie das Feld, auf dem Sie sich gerade befinden.

□ 7	△ 6	◇ 1	△ 1	☆ 1	◇ 6
○ 7	○ 1	□ 1	○ 7	◇ 3	□ 8
○ 6	△ 1	○ 7	○ 2	○ 6	△ 1
□ 8	△ 4	○ 4	◇ 7	○ 2	○ 4
△ 1	□ 8	◇ 4	△ 1	□ 4	○ 6
○ 8	○ 7	○ 4	○ 4	○ 3	○ 8
△ 4	○ 2	□ 3	△ 5	□ 8	○ 3
○ 8	◇ 7	◇ 3	○ 7	△ 4	○ 4
○ 8	□ 3	◇ 8	△ 5	△ 8	○ 6
◇ 7	○ 3	○ 7	△ 3	○ 4	△ 2
□ 1	○ 7	◇ 4	△ 4	○ 7	◇ 6
○ 2	□ 8	◇ 5	□ 8	○ 7	△ 7
○ 1	△ 7	◇ 2	△ 6	○ 4	◇ 7
☆ 7	□ 8	◇ 7	○ 8	□ 5	△ 8
□ 7	◇ 7	○ 7	□ 4	○ 6	◇ 7

Übung 68: Schüttelrätsel

Schema – Linse – Tanker – Reife – Raeson – Pfoten – Deren – Sorten – Assuan – Feinde

Durch Umstellen der Buchstaben müssen neue sinnvolle Wörter gebildet werden, deren Anfangsbuchstaben die Schlusslösung ergeben!

Übung 69: Sudoku

Füllen Sie das Gitter so, dass die Ziffern 1 bis 8 in einer Spalte, in einer Reihe und in einem dick umrandeten Feld nur einmal vorkommen!

6		2	4			8	
3	7	8	5	4			
5		4		7	1		8
	8			2		4	6
4			2			1	
7	6	1	8	3			2
			1	6	3	2	4
	4			1	8		5

Übung 70: Buchstabensalat

Durchforsten Sie den Buchstabensalat und finden Sie die gesuchten Wörter! Die Wörter können in jede Richtung (also auch von rechts nach links oder von unten nach oben) gelesen werden. Beachten Sie: Auch diagonale Anordnungen sind möglich!

Die gesuchten Wörter sind:

ADEL, BLEU, CIAO, DREI, EDISON, EHER, EINFAELTIG, ELLE, ESTE, EUROPA, EWIG, FELD, GESTALTUNG, GIRLANDE, HARMONIUM, HOLZ, IMME, IRIS, KAFF, KRIMI, KYLIE, LAND, LEHEN, MAENNLICH, MOBIL, MUENDEN, NACHREDE, OMAN, OPAL, PATRONAGE, PLANSTELLE, RAHM, RIMINI, SAMBIA, SCHLITZOHR, SCHMU, TACHOMETER, TEIL, TELL, UNTERGANG, ZEUG

```
S G T A C H O M E T E R B K A
I N I M I R K G I R L A N D E
N A M O A R H O Z T I L H C S
E G A N O R T A P O R U E L B
D R E I G N U T L A T S E G G
N E N P L A N S T E L L E U I
E T N G I T L E A F N I E F W
U N L R B Q I E F M L Z E D E
M U I N O M R A H Y B L L T A
T S C H M U K A K E D I S O N
R E H E D E R H C A N E A U H
```

Übung 71: Würfelspiel

Aus wie vielen Würfeln besteht diese Figur?

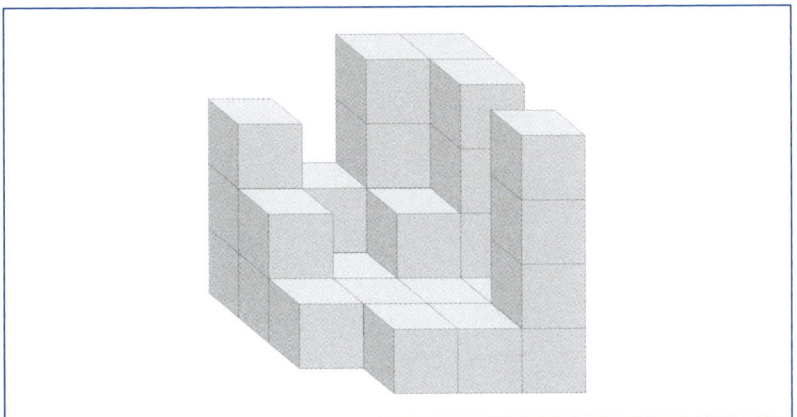

Übung 72: Fehlersuchbild

Im rechten Bild haben sich sechs Fehler eingeschlichen. Konzentrieren Sie sich und finden Sie sie!

Übung 73: Optische Zählübung

In dieser Illustration sehen Sie eine ganze Reihe Dreiecke, Vierecke und Fünfecke. Zählen Sie die Figuren, ohne die kleineren, die sich durch Überschneidungen ergeben, mitzuzählen! Wie viele sind es?

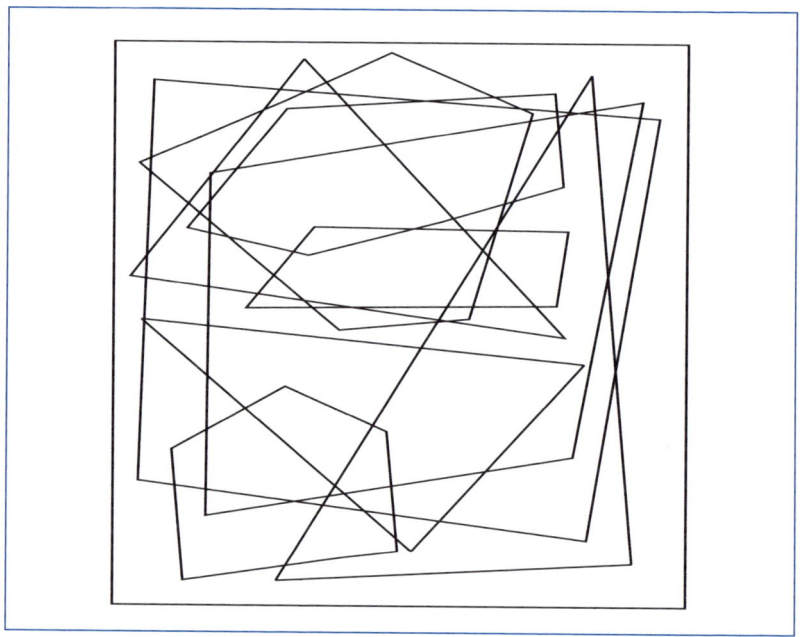

Übung 74: Mosaikrätsel

In der richtigen Reihenfolge zusammengesetzt, ergeben folgende Buchstabengruppen ein Zitat von Friedrich Hölderlin.

aere – dasl – eben – hoff – nung – ohne – wasw

Übung 75: Buchstaben finden

Finden Sie unter den folgenden Buchstaben und Zahlen alle
r, v, s, f und *o* heraus! Wie viele sind es?

```
y 4 z s 5 p 6 b 2 d 3 e 4 c 5 f 6 j o k l 2 m 3 n q 7 r 8 s 9 t
0 u 1 i 0 j 1 k l 2 m 3 n q 7 r 8 s 9 t 0 u 1 v w 2 d 3 e 4 c
5 f 6 g 7 h 8 i 0 j 1 v w 2 x a 1 4 3 y 4 z o 5 p 6 b 2 d 3 e
g 7 h 8 i 0 j 1 k l 2 m 3 n q 7 z 8 s 9 t 0 u 1 v w 2 x a 1 4
3 y 4 z o 5 p 6 b 2 3 y 4 z o 5 p 6 b 2 d 3 e 4 c 5 f 6 g 7 h
8 i 0 4 c 5 f 6 g 7 h 8 s 0 j 1 k l 2 m 3 n q 7 r 8 s 9 t 0 u 1
v w 2 x a 1 4 x o 1 4 3 1 k l 2 v 3 n q v w 2 x a 1 4 3 y 4 z
o 5 p 6 b 2 d 3 e 4 c 5 f 6 g 7 h 8 i 0 j 1 k l 2 o 3 n q 7 r 8
s 9 t 0 u 1 v w 2 x a 1 4 3 y 4 z o 5 p 6 b 2 d 3 e 4 c 5
f 6 g 7 h 8 7 r 8 s 9 t 0 u 9 15 b g c p q d g 4 3 i a 0 1
```

Übung 76: Linien verfolgen

Versuchen Sie, mit den Augen der Linie zu folgen, ohne sich
von den geometrischen Figuren ablenken zu lassen! Fahren
Sie die Linie mehrmals von vorn nach hinten und wieder
zurück ab!

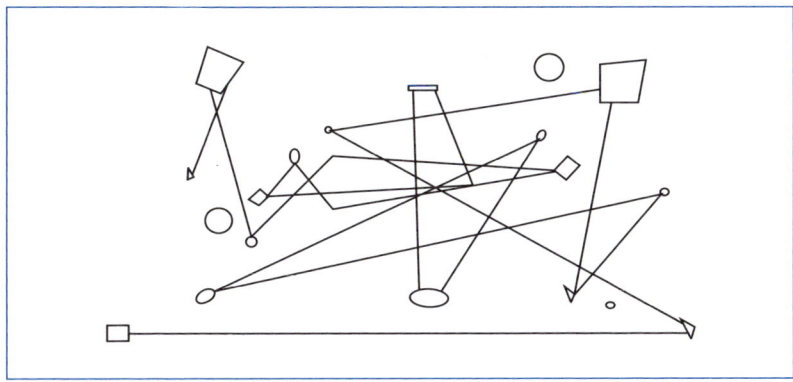

Übung 77: Go-Übung

Welches dieser drei 9er-Muster ist auf dem großen Feld enthalten? Passen Sie auf: Unter Umständen muss die Vorlage im Kopf gedreht werden, damit sie ins große Feld passt!

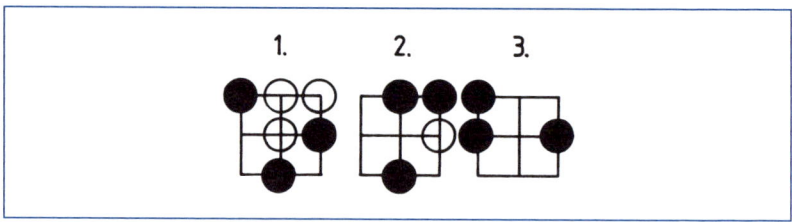

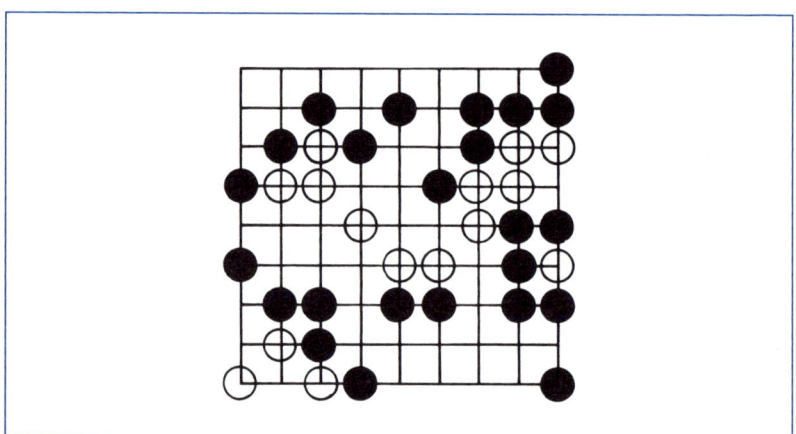

Übung 78: Dreierkombinationen

Im Folgenden sehen Sie vertikale Dreierkombinationen der Buchstaben *d* oder *k* oben, *u* oder *e* in der Mitte und *y* oder *q* unten. Zählen Sie, wie oft die folgende Kombination vorkommt:

k

e

q

```
d k d k d k d k d k d k d
e e u u u e e e u u u e e
q q y y q q y q y y q q y

k k d k d d k k d k d d k
e e e u u e e u u e e e u
q y q y y q q y y q q y y

d k d k d k d k d k d k d
e e u u e e u u e e u e u
q q y y q y y q y q y q q

k d d k d k d k d d k k d
e e e u u e u u e e e u u
q y q y q y q q y y y q q

d k k d k k d d k d k d k
e e e u u e e u u u e u e
y y y q y y y q q q y y y

d k d k d d k d k d k d k
e e u u u e e u e e u e u
q y y q q q y y y q q q y

k d k d k d k d k d k d k
e e u u e u e u u e u u e
q q q y y q q y q y q y q

d k k d k k d d k k d k k
e u u e u e e u e u u e e
y y q q y y q q y y y q q

d k k d d k d k d k k d d
e e u u e e u u e e u u e
q y y q q q y q y q y q y

k d k d k d k k d k k d d
e e u u u e e u u e u u e
q y y y q q y y q y y q q

d k d k d k d k d k d k d
e e u u u e u e u e u u e
q y y q y q y q y q y q y
```

Übung 79: Leseübung

Im folgenden Text fehlen sämtliche Satzzeichen und Absätze. Lesen Sie ihn möglichst zügig und am besten laut vor!

Tierisches Liebesleben

ImmerwiederinteressantistdasLiebeslebenderTierweltAust
ernwechselnetwaimmerwiederihrGeschlechtundzwarjenac
hWassertemperaturWürmerhabendafürimmerbeideGeschl
echterMancheEinzellerhabensogarbiszuachtverschiedeneG
eschlechterInderetwasgrößerenTierweltgibtesdurchausVer
gleichbaresfastalleVertreterderFischartderSchwarzmeersee
wölfesindinihrerJugendweiblichallerdingswechselnvie
lemitetwafünfJahrenihrGeschlechtAuchdieKontrastesindb
eigroßenLebewesenoftunerwartetgroßamlangsamstenges
chlechtsreifwirdderAalVonderGeburtbiszurFortpflanzungsf
ähigkeitbenötigter22JahreAmschnellstengehtdasbeiderwei
blichenFeldmausabdem13TagnachihrerGeburthatsieoftber
eitsihrerstesMalEineeinmaligeFormderBindungführenRege
nwürmerbeimLiebesaktdurchBevorsiekopulierenproduzier
ensieeinenArtbesonderenSchleimmitdemsiesichaneinande
rfestklebenDiereinoptischähnlichenSchlangentunsoetwasz
warnichtziehendenLiebesaktabermanchmalüber24Stunden
langdurchAuchLöwenmännchenhabeneineenormeKonditi
onwährendderPaarungszeitschlafensienichtundbegattenih
rePartnerinzweibisdreiTagelangimDurchschnittalleviertStun
denKeinWunderdassdieHerrenderSchöpfungdenDamenda
sJagenüberlassenfürdiesejährlicheAnstrengungwillwohlw
eislichEnergiegespartseinMännlicheAdeliePinguinepräsent
ierenihrerAuserwählteneinenSteinalsHochzeitsgeschenkNi
mmtsieihnanistdiesdasEinverständnisfüreinelangdauernde
PartnerschaftDerSteinwirdsodannderGrundsteindesgemei
nsamenNestesAnschließendstehensieBrustanBrustundsin
genzusammeneinLiebesliedDochnichtnurPinguinesindro
mantischveranlagtSchneckenküssensichvordemLiebesakt

Übung 80: Abzählübung

Tippen Sie mit dem Finger möglichst schnell nacheinander auf die Zahlen von 1–35 in ihrem jeweiligen Kästchen! Zum Einüben können Sie auch einen Bleistift benutzen und die Kästchen markieren. Noch schwerer wird diese Übung als „Countdown", von 35 bis 1!

2	34	17	1	14
	29	10	22	7	
	3		27		11
26	21	30	16	31	
13		24	35	25	4
9			12	8	20
33	5		15	28	23
18				19	6	32

Übung 81: Optische Zählübung

Wie viele Quadrate sehen Sie hier?

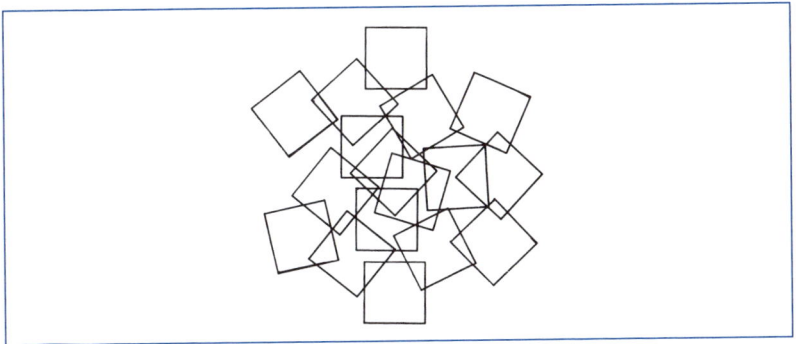

4. Angst in Prüfungsphasen

Eines der größten Konzentrationshindernisse ist die Prüfungsangst. Wenn sie sich äußert, ist Konzentration kaum mehr möglich. Mit der Frage, was genau Prüfungsangst ist, wird sich dieses Kapitel beschäftigen. Es wird darum gehen, wie sich Prüfungsangst äußert, und vor allem auch darum, was man gegen diese Angst tun kann. Denn eines steht fest: Angst vor Prüfungen kennt jeder. Vor Prüfungen aufgeregt zu sein, ist normal und nichts, wofür man sich schämen muss. Wenn die Angst jedoch Einfluss auf die Leistungsfähigkeit hat, sollte man etwas dagegen unternehmen. Dass und wie dies möglich ist, wird hier anschaulich erläutert.

4.1 Was ist Prüfungsangst?

Lukas ist ein mittelmäßiger Schüler. In den meisten Fächern steht er auf Drei, nur in wenigen auf Vier. Obwohl er also nicht befürchten muss, sitzen zu bleiben, geht es ihm vor Arbeiten und Prüfungen so richtig schlecht. Nicht nur, dass er kaum etwas essen kann, mindestens eine Nacht vor der Prüfung schläft er sehr schlecht, träumt wirr und intensiv und fühlt sich am nächsten Morgen unausgeruht und richtig mies. Schlimmstenfalls bekommt er dann auch noch Magenkrämpfe und Durchfall.

Das Beispiel von Lukas gehört gewiss schon zu den extremeren Fällen von Prüfungsangst. Dennoch: Fast alle Schüler/Studenten haben schon einmal mehr oder minder schwere Prüfungsangst erlebt. Das mulmige Gefühl im Magen und die klammen Hände vor einer wichtigen Klausur oder einer mündlichen Prüfung kennen wir alle. Kaum jemand ist entspannt in einer solchen Situation. Sogar gute Schüler/Studenten haben Angst, zu „versagen". Und für jemanden, der immer nur Einsen schreibt, kann schon eine Drei ein „Versagen" darstellen.

Die Symptome von Prüfungsangst

Prüfungsangst kann sich sehr unterschiedlich äußern. Bei dem einen schlägt die Angst auf den Magen oder sorgt für schlaflose Nächte, so wie bei Lukas, andere werden nervös und zittrig. Die Symptome der Prüfungsangst sind vielfältig. Wer von dieser Angst geplagt wird, ist meist angespannt und hilflos. Die Reaktionen auf eine bevorstehende Prüfung reichen von der Vermeidung der Prüfung über das Hinausschieben des Lernbeginns bis hin zu ruhelosem, pausenlosem Lernen – ohne Lernerfolg.

Allgemein äußert sich Prüfungsangst in vier verschiedenen Bereichen: im seelischen Befinden, im körperlichen Bereich, in der geistigen Leistungsfähigkeit und im Verhalten. Neben Schlaf- und Verdauungsstörungen sind folgende Symptome zu beobachten:

Im seelischen Bereich
● Manche Menschen werden aggressiv, andere reagieren depressiv. Manchmal kann die Angst so weit gehen, dass der Betroffene sich völlig aus seinem Bekanntenkreis zurückzieht.
● Die Konzentration kann bis hin zum völligen Blackout gestört werden.
● Viele Menschen sind in Prüfungssituationen extrem unsicher oder vor Angst so blockiert, dass sie überhaupt keine Motivation haben, zu arbeiten.

Im körperlichen Bereich
● Es sind Störungen der Motorik möglich. So zeigt sich Prüfungsangst im Zittern, etwa der Hände, des Kopfes oder der Stimme.
● Manche Menschen leiden vor einer Prüfung unter innerer Unruhe, Schlafstörungen, Kopfschmerzen, Durchfall, Verstopfung, Müdigkeit, Schwindelgefühlen, Heißhungerattacken oder Appetitverlust.

● Auch an der Haut können sich sichtbare Reaktionen einstellen: Die Betroffenen erröten oder erblassen, manche leiden unter Ausschlag, der z. B. plötzlich am Hals oder im Gesicht auftritt.

In der geistigen Leistungsfähigkeit

● Manche Menschen sind in Ihrem Denken total blockiert und können sich überhaupt nicht auf Ihre Arbeit bzw. auf die Prüfungsvorbereitung konzentrieren.

● Sie leiden unter Aufmerksamkeits- und Merkfähigkeitsstörungen, zweifeln an sich selbst und grübeln darüber nach, warum sie sich der Situation einfach nicht gewachsen fühlen.

Im Verhalten

● Die körperliche und geistige Anspannung zeigt sich auch im gesamten Verhalten vieler Prüflinge.

● Sie sind wahnsinnig nervös, nehmen manchmal sogar Beruhigungsmittel, um wenigstens ein paar Stunden schlafen zu können. Sie essen viel mehr oder viel weniger als sonst und flüchten sich in meist unnötige Routinearbeiten, um sich abzulenken.

Die Ausprägung ist von Mensch zu Mensch unterschiedlich. Der eine fühlt sich zwar im unmittelbaren Vorfeld von Prüfungsphasen gestresst, sein übriger Lebenswandel ist jedoch nicht weiter beeinträchtigt. Ein anderer bleibt während der Prüfungsvorbereitung völlig gelassen, hat aber während des Tests panische Angst vor den Folgen des Versagens in der Prüfung. Seltener, aber durchaus ernst zu nehmen, ist die Angst vor den Folgen einer bestandenen Prüfung, vor Leistungsanforderungen, denen man sich nicht gewachsen fühlt. Schließlich ist der Erwartungsdruck vonseiten der Lehrer/Kursleiter und Eltern nun umso höher.

Jeder Mensch verfügt über eine körpereigene Bereitschaft, Angst zu erleben und mit Angst umzugehen. Mithilfe dieser

Bereitschaft hat er die Möglichkeit, verschiedenste Ängste zu verarbeiten. Das gelingt, auch wenn im Laufe des Lebens verschiedene Faktoren dazu beitragen, dass immer neue Ängste ihn beeinflussen können. Manche dieser Ängste können uns sogar im Kindesalter anerzogen werden. Zu diesen Ängsten gehört z. B. die Angst vor Tieren wie Schlangen, Spinnen, Ratten oder Mäusen. Die Erziehung eines Kindes wirkt sich entscheidend auf die Entwicklung seines Selbstbewusstseins aus. Dementsprechend besteht bei den Menschen, denen noch nie sehr viel zugetraut wurde, eher die Gefahr der Prüfungsangst.

Neben diesen beeinflussbaren, individuellen Ängsten gibt es eine Angst, die jeder Mensch in irgendeiner Weise besitzt: die Urangst. Urängste sind die Angst vor dem Fremden oder die Angst vor der Dunkelheit.

Die Urangst ist die früheste Form der Angst. Laut psychoanalytischer Auffassung tritt diese Angst durch den Geburtsvorgang (Geburtstrauma) auf. Somit geht man davon aus, dass die Urangst grundsätzlich angeboren ist, in ihrer Stärke und Ausprägung aber von Mensch zu Mensch variieren kann. Auf der Basis dieser Urangst kann sich die Angst im Leben eines Menschen verstärken oder vermindern. Neben der Familie (Beeinflussung im Kindesalter) spielen auch alle weiteren zwischenmenschlichen Beziehungen in der Gesellschaft eine wichtige Rolle. Die Urangst kann nur dann optimal verlernt werden, wenn der Mensch eigene positive Erfahrungen in seinem Umfeld gesammelt hat.

Verallgemeinernd könnte man in diesem Zusammenhang sagen, dass die Prüfungsangst als ein Teil der Urangst betrachtet werden kann. Auch in Prüfungssituationen fürchten sich die meisten vor der unbekannten Situation, also vor dem Fremden.

Auch der elterliche Erziehungsstil und die Persönlichkeit der Eltern haben Einfluss bei der Entstehung von Prüfungsängsten. Sind die Eltern selbst sehr ängstlich, so ist es ziemlich wahrscheinlich, dass auch das Kind ängstlich auf verschiedene Situationen und Anforderungen reagiert. Sind die Eltern sehr leistungsorientiert, ist es möglich, dass das Kind auch diese Verhaltensweise von den Eltern sozusagen „erlernt" und übernimmt.

Auch lassen wissenschaftliche Untersuchungen den Rückschluss zu, dass die Eltern von ängstlichen Kindern oft nicht oder nur wenig emotional auf die Kinder eingehen. Ihr Erziehungsstil ist hauptsächlich von Regeln und Verboten bestimmt. Erfüllen die Kinder die oft hohen Ansprüche ihrer Eltern nicht, bestrafen die Eltern sie dafür. Später übernehmen die Kinder dann sozusagen diese Verhaltensweise und lehnen sich selbst ab, wenn sie Misserfolge hinnehmen müssen.

Natürlich spielen auch gesellschaftliche Normen eine Rolle. Unsere Gesellschaft ist stark leistungsorientiert: Leistung und Erfolg gelten als hohe Werte. Viele Menschen übernehmen diese Werte für sich selbst und machen ihr Selbstwertgefühl davon abhängig. Das heißt, sie fühlen sich nur dann selbst als wertvoll, wenn sie hohe Leistungen erbringen. Ist dies der Fall, steigt auch die Angst davor, eine Aufgabe nicht zu bewältigen. Ist jemand also schon einmal bei einer Prüfung durchgefallen – oder hat andere negative Erfahrungen mit Prüfungen gemacht –, so kann auch dies zu Prüfungsangst führen.

Zuletzt können auch finanzielle Aspekte eine Rolle spielen. Ist jemand aus finanziellen Gründen davon abhängig, z. B. sein Studium möglichst bald und gut abzuschließen, wird sich auch dies auf seine Einstellung gegenüber der Prüfung auswirken und kann Prüfungsangst hervorrufen oder zumindest verstärken.

Machen Sie sich daher während Ihrer Vorbereitung auf eine Prüfung immer wieder klar, dass es sich „nur um eine Prüfung" handelt. Es geht nicht um Ihr Leben – das geht auch weiter, wenn Sie die nächste Prüfung nicht mit Bravour bestehen oder gar durchfallen. Prüfungen zielen in erster Linie darauf ab, Ihren Leistungsstand zu testen und zu bewerten. Wenn Sie also unter Prüfungsangst leiden, haben Sie meist Angst davor, bewertet zu werden und somit in eine bestimmte Kategorie – vor allem negativer Art – eingeordnet zu werden.

Bewerten Sie sich selbst nicht nur nach dem, was Sie leisten. Stärken Sie Ihr Selbstwertgefühl, indem Sie sich Dinge vor Augen halten, die Sie besonders gut können. Den Satz „Ich kann nichts!" gibt es nicht. Sollten Sie ihn jemals auch nur gedacht haben, streichen Sie ihn ab sofort aus Ihrem Wortschatz!

Tipp

Prüfen Sie sich selbst: Welche Symptome von Prüfungsangst haben Sie an sich selbst bereits festgestellt? Setzen Sie sich intensiv mit Ihren Ängsten auseinander und versuchen Sie, diese zu akzeptieren. Das ist der erste Schritt, um die Angst, die Sie belastet und einschränkt, loszuwerden. Überlegen Sie sich danach eine Strategie, wie Sie gegen Ihre Angstsymptome vorgehen können. Zeichnen Sie z. B. eine Tabelle, in der Sie in einer Spalte Ihre Ängste notieren und in der anderen Spalte Maßnahmen, die Sie ergreifen, um besser mit diesen umzugehen oder sie sogar zu besiegen.

Woher kommt die Prüfungsangst?

Versuchen wir, die Angst erst einmal zu verstehen. Biologisch betrachtet handelt es sich bei der Angst im Allgemeinen um eine sinnvolle Reaktion. Sie signalisiert Gefahr, aktiviert den Organismus und ermöglicht die Flucht. Unseren Vorfahren hat die biologische Reaktion der Angst geholfen, in einer Gefahrensituation zu reagieren und zu fliehen. Auch bei einem Tier, das Angst vor etwas hat, reagiert der Körper dementsprechend. Wir hingegen spüren die Angst und können nicht fliehen, sondern müssen sie oftmals aushalten. Die Prozesse, die dabei in unserem Körper ablaufen, ähneln (bis auf die Flucht) denen unserer Vorfahren:

- Herz- und Kreislauf werden aktiviert.
- Der Blutdruck steigt, weil sich die Blutgefäße verengen.
- Die Muskeln werden stärker durchblutet und stellen sich darauf ein, zu reagieren.
- Energiereserven werden mobilisiert.
- Die Verdauungsfunktionen werden reduziert.
- Das Bewusstsein wird wach, die Wahrnehmung scharf.

Diese Reaktionen werden durch die Ausschüttung von Adrenalin ausgelöst. Unsere Vorfahren ergriffen daraufhin, ebenso wie das Tier auch heute noch, die Flucht oder reagierten mit einem Angriff.

Wenn Sie Ihre Prüfungsangst betrachten, so läuft auch dabei der gleiche Prozess ab. Ihr Körper will Sie mobilisieren, Ihre Aufmerksamkeit erhöhen und bereitet Sie damit auf die Prüfung vor. Der Unterschied ist allerdings: Sie können nicht fliehen. Das heißt, Sie könnten schon, aber das wäre nicht sinnvoll. Statt Ihre Muskeln einzusetzen, um zu fliehen, sollen Sie Ihre Geisteskraft zu Höchstleistungen antreiben und die Prüfung bestehen.

Zwischen Anspannung und Gelassenheit

Um die Prüfungen zu bestehen, brauchen Sie aber neben Ihrer Aufregung und Ihrer Angst, die Sie antreibt, auch Ruhe und ein wenig Gelassenheit. Es gilt also, das richtige Mittelmaß zwischen Aufregung und Ruhe zu finden. Genau darauf kommt es in der Prüfungssituation an. Grundsätzlich sollten Sie Ihre Angst jedoch erst einmal in folgendem Sinne verstehen: als etwas eigentlich Positives, das allerdings auf das richtige Maß zurückgefahren werden muss.

> **Tipp**
>
> Machen Sie sich daher bewusst: Prüfungsangst ist normal, sie hilft Ihnen weiter, wenn Sie sie auf das richtige Maß bringen!

Die Prüfungsangst ist ein Teil von Ihnen, das heißt, diese Angst gehört zu Ihnen, Sie können sie nicht ignorieren oder abstellen. Daher sollten Sie diese Angst für eine gewisse Zeit annehmen. Schließlich hat sie wichtige Gründe: Sie kann wertvolle Erkenntnisse liefern über Ihre bisher nicht bewusst wahrgenommenen eigenen Bedürfnisse, z. B. Ihr Bedürfnis nach Anerkennung. Wenn Sie sich dessen bewusst werden, haben Sie einen wichtigen Ansatzpunkt dafür, Ihre Angst zu verändern, und können dementsprechend gelassener in die Prüfung gehen.

Versuchen Sie, die Prüfung als eine Art Herausforderung zu sehen. Sprechen Sie sich Mut zu. Wenn Sie diese Herausforderung annehmen, treten Sie ein Stück weit Ihrer Prüfungsangst entgegen. Das ist ein Schritt in die richtige Richtung. Nur so können Sie Ihre Angst dauerhaft bekämpfen.

Angst löst in Ihnen ein Gefühl der Anspannung aus. Ihre Aufgabe ist es, diese Anspannung in positive Energien umzuwandeln, um sie für sich selbst in Ihrer Prüfungsvorbereitung einsetzen zu können. Das bedeutet also auch, dass Ihre Angst Ihnen Kraft geben wird. Denken Sie darüber nach, ob Sie diese Kraft einsetzen würden, wenn Sie keine Angst vor der Prüfung hätten.

Nutzen Sie Ihre Prüfungsangst! So unmöglich Ihnen das erscheinen mag, es ist ein weiterer wichtiger Schritt. Sie können Ihre Angst umwandeln. Sicher bedarf es dazu Ihrer Fähigkeit, sich selbst zu überzeugen.

Wichtig ist, dass Sie ein Gleichgewicht finden zwischen Anspannung und Gelassenheit. Ihre Angst ist etwas Natürliches, etwas Normales. Erinnern Sie sich an eine zurückliegende Prüfungssituation. Ihnen wird auffallen, dass Sie zwar sehr angespannt und ängstlich in die Prüfung gegangen sind, aber dennoch in der Lage waren, einen klaren Gedanken zu fassen. Sie haben also Ihre Angst (und somit sich selbst) überlistet. Sie konnten mehr leisten, als Sie sich vorgestellt hatten. Auch wenn das Ergebnis nur ausreichend oder befriedigend war, können Sie einen Erfolg für sich verbuchen. Erinnern Sie sich daran, dass Sie vor der Prüfung gedacht hatten, Sie würden vollkommen versagen. Vielleicht haben Sie nun die Hälfte der Anforderungen erfüllt.

Denken Sie positiv und sagen Sie sich: „Ich habe etwas erreicht – trotz meiner Angst!" Vielleicht fühlen Sie sich im Moment noch nicht bereit dazu, doch irgendwann werden Sie in Ihrem Angstbewältigungsprozess so weit vorangekommen sein, dass Sie über Ihre Angst sagen können: „Ich habe etwas erreicht – mithilfe meiner Angst."

Konzentrationssteigerung durch Angst

Wissenschaftler konnten feststellen, dass Angsterregung die Leistung sogar steigern kann. Bedingung dafür ist allerdings, dass die Angst, die als Antrieb gesehen wird, nicht überhandnimmt, sondern einen mittleren Pegel erreicht. Wenn keine Angst da ist und damit auch kein Antrieb, etwas zu erreichen, wirkt sich das eher negativ auf die Leistung in der Prüfung aus. Ebenso verhält es sich, wenn zu viel Angst vorhanden ist.

Tipp

Schaffen Sie es, Ihre Angst auf ein Mittelmaß zurückzufahren, machen Sie damit aus der Not eine Tugend! Sie können also Ihre negative Angst in eine positive Angst umwandeln.

Allerdings, das muss hier auch einschränkend gesagt werden, reicht die Angst allein als Antrieb nicht aus. Zu der (mittleren) Prüfungsangst sollten eine starke Motivation und ein klares Ziel kommen, die Sie zusätzlich antreiben – also der Wille, die Prüfung wirklich zu schaffen! Dass Sie außerdem gut vorbereitet sein müssen, versteht sich von selbst.

Der Blackout

Denkblockaden bis hin zum berühmt-berüchtigten Blackout sind sehr gefürchtet. Doch wie kommt es zu einer solchen kompletten Denkblockade? Stresshormone in Ihrem Blut drängen sich gewissermaßen zwischen Ihre Gehirnzellen und verhindern so, dass die benötigten Gedanken und Informationen von Gehirnzelle zu Gehirnzelle fließen können. Sie suchen wie in einem schwarzen Loch und finden – nichts mehr! Nach der Prüfung lässt der Stress nach, die Stresshormone werden abgebaut, die Gedanken fließen wieder und plötzlich ist die Frage von vorhin kein Problem mehr für Sie. Nur leider etwas zu spät.

Auch mit diesem typischen Stresssymptom sind Sie nicht allein. Wohl jeder hat so etwas schon einmal erlebt. Sie sollten es nicht dramatisieren.

Passiert Ihnen das in einer mündlichen Prüfung, sollten Sie den Mut fassen, Ihren Prüfern mitzuteilen, dass Sie einen Blackout haben. Wenn Sie gar nichts sagen, denkt man sonst, Sie hätten sich einfach nicht vorbereitet. Möglicherweise können Sie dadurch, dass Sie über Ihre Denkblockade sprechen, schon Stress abbauen und sie geht vorüber. Damit es zu solchen Fällen aber nicht mehr – oder zumindest viel seltener – kommt, dazu können Sie im Vorfeld von Prüfungen beitragen.

Lampenfieber

Jeder hat schon einmal eine Situation erlebt, in der ihn heftiges Lampenfieber plagte. Wenn Sie sich an diese Situation erinnern, stellen Sie vielleicht fest, dass Sie Ihr Lampenfieber nicht behinderte, sondern – im Gegenteil – zu einem Leistungszuwachs führte. Lampenfieber ist eine natürliche Körperreaktion, die jeden plötzlich und teilweise unerwartet überfallen kann.

Der Hypothalamus – die „Steuerzentrale" im Gehirn – löst eine Sympathikus-Reaktion aus, was bewirkt, dass die Nebennierenrinde Adrenalin und Noradrenalin produziert. Lampenfieber hat sehr viel mit dem eigenen Ego zu tun. Sie fragen sich, ob Sie gut genug sein werden (klug, sympathisch und souverän). Die Folge davon können sowohl positive als auch negative Auswirkungen sein.

Negative Auswirkungen von Lampenfieber

- Übermäßiges Lampenfieber kann zum Kontrollverlust über die Situation führen.
- Das Herz rast.
- Zu viel Lampenfieber lähmt die Kommunikationsprozesse: Die Stimme versagt und man beginnt, zu stottern.
- Kleine Schweißperlen rinnen über die Stirn. Sie erröten oder werden blass.

Positive Auswirkungen von Lampenfieber

- Die Spannung erhöht sich.
- Ihre Gehirndurchblutung wird intensiviert.

● Das leichte Kribbeln in der Magengegend (ähnlich dem Gefühl, Schmetterlinge im Bauch zu haben) kann durchaus anregend wirken – wie ein Aufputschmittel.

● Wenn Sie Lampenfieber haben, sind Sie aufmerksamer, motivierter und vor allem sehr konzentriert – alles positive Voraussetzungen für ein gutes Gelingen Ihrer bevorstehenden Prüfung.

Tipp

Lampenfieber entsteht im Kopf und ist abhängig vom Selbstwertgefühl (dem Ego) eines Menschen. Jede Person hat ein individuelles Lampenfieber und somit eine andere Art, mit Lampenfieber – etwa vor Prüfungen oder vor Auftritten – umzugehen.

Versuchen Sie, übermäßiges Lampenfieber in den Griff zu bekommen: Sprechen Sie sich selbst Mut zu, atmen Sie bewusst tief durch, schließen Sie kurz die Augen, um sich zu sammeln. Gehen Sie souverän mit Ihrem Lampenfieber um und akzeptieren Sie es. Ein gesundes Maß an Lampenfieber ist gut, denn es wirkt wie ein Aufputschmittel, gibt Ihnen zusätzliche Kraft und kann Sie zu einer Leistungssteigerung anspornen.

Mit Prüfungsangst umgehen

Der erste Schritt, mit der Prüfungsangst richtig umzugehen, ist bereits getan: Sie haben erkannt, dass Ihre Prüfungsangst durchaus positive Aspekte hat. Die zweite Empfehlung lautet: Akzeptieren Sie Ihre Angst! Machen Sie sich deswegen nicht fertig, Sie sind kein Versager, nur weil Sie Angst vor etwas haben. Angst gehört zum Leben, Angst gehört zu Prüfungen. Angst gehört auch zu Ihnen. Wer die Angst ablehnt, geht ihr meist damit auch aus dem Weg, ohne sie zu bewältigen. Wer die Angst annimmt, versucht, sie zu verstehen, setzt sich mit ihr auseinander und wird sie verringern können.

Relativieren Sie Ihre Angst vor der Prüfung, indem Sie die Gefahr relativieren. Nehmen Sie die Prüfung nicht zu wichtig und stellen Sie sich ganz ernsthaft folgende Fragen:

● Was hängt von der Prüfung ab?
● Ist diese eine Arbeit, diese eine Prüfung wirklich so wichtig? Könnte ich sie eventuell wiederholen? Kann ich meine Note durch spätere Prüfungen ausgleichen?
● Gibt es nach dieser Arbeit noch eine weitere Arbeit, die ich besser schreiben könnte?
● Sagen Sie sich: Eine Prüfung ist nicht alles im Leben, es gibt wichtigere Dinge!
● Geht die Welt unter, wenn ich durchfalle? Die Welt geht deswegen nicht unter!
● Muss ich die Prüfung unbedingt mit einer bestimmten Note bestehen?
● Muss ich unbedingt die/der Beste sein?

Sie haben in den vorangegangenen Abschnitten erfahren, woher Prüfungsangst kommt. Versuchen Sie jedoch auch, zu klären, worin Ihre persönliche, zu hohe Angst begründet ist. Die folgenden Fragen sollen Ihnen dabei helfen:

● Gehören Sie zu denjenigen Schülern/Studenten, die alles perfekt machen wollen, für die eine Drei ein Drama bedeutet? Warum setzen Sie sich so unter Druck?
● Oder sind es Ihre Eltern, die von Ihnen ständig Höchstleistungen erwarten? Wenn Sie dadurch so unter Druck stehen, dass es Ihnen schlecht geht, sollten Sie versuchen, mit Ihren Eltern darüber in aller Ruhe zu sprechen.
● Haben Sie in der letzten Prüfung schlechte Erfahrungen gemacht? Dann sollten Sie sich vor Augen führen, dass die letzte Prüfung nicht diese Prüfung ist. Nutzen Sie außerdem die Erfahrungen in positiver Weise, überlegen Sie, worin Ihr Problem bestand. Sehen Sie Ihre letzten Arbeiten, Hausaufgaben und Mitschriften durch und finden Sie heraus, wo Ihre speziellen Probleme in dem Fach liegen.

● Sind Sie ein Mensch, der immer an sich zweifelt, kein Vertrauen
  in sich selbst besitzt? Entwickeln Sie Selbstvertrauen!
● Sind Sie ohnehin ein nervöser Typ? Helfen Sie sich mit Entspannungsmethoden!

Prüfungsangst kann viele Gründe haben. Versuchen Sie, herauszufinden, welche bei Ihnen vorrangig sind, und entwickeln Sie
Lösungsstrategien.

Unabhängig davon, wieso es bei Ihnen zu Prüfungsangst
gekommen ist, gilt in jedem Fall:
● Eine gute Vorbereitung auf die Prüfung ist notwendig, sie gibt
  Ihnen Sicherheit und das Gefühl, den Lernstoff zu beherrschen.
● Ein positives Selbstwertgefühl hilft Ihnen dabei, die Angst ab-
  zubauen.
● Entspannungsmethoden helfen Ihnen, im Vorfeld von Prüfun-
  gen Stress zu vermindern.

Medikamente sind keine Lösung

Auf keinen Fall sollten Sie Medikamente schlucken, um Ihre
Angst in den Griff zu bekommen. Damit bewältigen Sie diese
nämlich nicht, sondern verdrängen sie nur. Beruhigungsmittel,
auch pflanzliche, sollten Sie nur dann nehmen, wenn Sie krank
sind und Ihnen ein Arzt dazu geraten hat. Wenn Sie also trotz
aller Bemühungen Ihre Probleme und Ihre Prüfungsangst nicht
lösen können, sollten Sie einen Arzt aufsuchen.

Bevor Sie zum nächsten Abschnitt übergehen, lösen Sie die folgende Konzentrationsübung.

Übung 82:

Prägen Sie sich die Linien auf der nächsten Seite gut ein! Zeichnen Sie sie dann aus dem Gedächtnis nach!

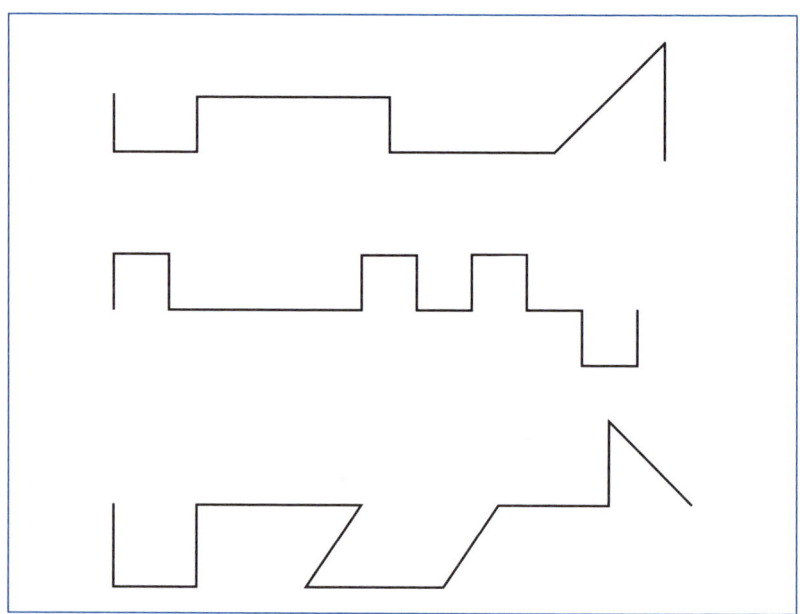

4.2 Gut vorbereitet in die Prüfung

Sie haben eine Prüfung vor sich. Sie wissen also – egal, ob es sich um eine Klassenarbeit, eine Klausur oder um eine umfassende Prüfung, wie die Abiturprüfungen oder Abschlussprüfungen an der Universität, handelt –, wann diese Prüfung stattfinden wird. Die Zeit bis dahin ist in der Regel ausreichend für alle notwendigen Prüfungsvorbereitungen.

Sie wissen bereits aus dem vorangegangenen Kapitel, wie wichtig eine rechtzeitige Vorbereitung, möglichst ohne Zeitdruck, für eine stressfreie bzw. stressreduzierte Lernzeit ist. Daher fangen Sie in jedem Fall früh genug mit Ihren Übungen an. Keinesfalls vergraben Sie sich drei Monate lang hinter Ihren Büchern, bis Sie nicht mehr wissen, wie Ihre Mitmenschen aussehen. Ein gewisses Maß an freier Zeit, Freizeitaktivitäten und Austausch mit anderen brauchen Sie gerade während der vollgepackten Prüfungszeit.

Gehen Sie folgendermaßen vor: Zunächst sichten Sie die Prüfungsthemen und stellen fest, was Sie noch lernen müssen und was Sie schon recht gut können und daher nur zu wiederholen brauchen. Sind Ihnen die Prüfungsthemen noch nicht ganz klar, versuchen Sie, im Gespräch mit Ihrem Lehrer/Prüfer konkrete Lernziele zu erfahren, denn nicht selten scheitert eine Prüfung daran, dass der Prüfling sich nicht auf das eigentliche Thema vorbereitet hat. Dies ist dann unter Umständen in der mangelnden Kommunikation oder in einer falschen Verständigung zwischen Prüfer und Prüfling bzw. zwischen Lehrer und Schüler begründet.

Sobald Sie wissen, welche Themen gefragt sind, erstellen Sie eine Tabelle, in die Sie Ihre Themen, Ihren vorhandenen Wissensstand und die benötigten Lernunterlagen eintragen. Schätzen Sie auch den Zeitaufwand ein. Und kontrollieren Sie Ihren Erfolg, wenn Sie ein Thema bzw. ein Fach bearbeitet haben. Denken Sie auch daran, Unterlagen, die Ihnen noch nicht vorliegen, rechtzeitig zu besorgen. Für diese Planung können Sie die folgende Tabelle verwenden.

Fach/ Thema	Wissensstand: Bereiche, die ich schon erarbeitet habe	Zu bearbeiten: Buch/Kapitel/ andere Unterlagen	Extra	Geschätzter Zeitaufwand	Erfolg
		1. 2. 3. 4.			

Wenn Sie in der vorausgegangenen Zeit weitere Prüfungen oder Arbeiten in dem bestimmten Fach geschrieben haben, kontrollieren Sie diese auf Fehler, die Ihnen besonders häufig unterlaufen sind. Auch hier bietet es sich an, eine Tabelle zu erstellen:

Fehlerstatistik im Fach _____ :

Fehlerart	Arbeit 1	Arbeit 2	Arbeit 3	Arbeit 4
Vokabelfehler				
Ausdrucksfehler				
Zeitfehler				

So erhalten Sie einen Überblick darüber, was Sie noch besonders intensiv lernen sollten. Diese zusätzlichen Lernziele tragen Sie in Ihrer Übersichtstabelle auf S. 153 unter „Extra" ein.

Nachdem Sie einen ersten Überblick über den Prüfungsstoff und damit über Ihren Lernstoff gewonnen haben, stellen Sie sich einen Zeitplan auf, der sich bei größeren Prüfungen über mehrere Wochen bis Monate erstrecken kann. Bei Klassenarbeiten/Klausuren dürfte meistens eine Woche ausreichen. Die Voraussetzung dafür ist natürlich, dass Sie schon vorher regelmäßig gelernt haben, sonst steht Ihr sorgfältig ausgeklügelter Zeitplan auf äußerst wackligen Beinen.

Lernpsychologische Bedingungen beachten

Bei Ihrem Zeitplan achten Sie darauf, dass Ihnen weiterhin Freizeit zur Verfügung steht und dass Sie Zeitreserven einplanen. Bei der täglichen Lernzeit bedenken Sie, dass Sie möglichst während Ihrer „guten" Stunden lernen. Planen Sie außerdem Pausen ein. Wechseln Sie bewusst zwischen verschiedenen Tätigkeiten – wie Schreiben, Lesen, Vokabellernen, Wiederholen – und zwischen einfachen und schwierigeren Aufgaben. Lernen Sie nicht mehr als insgesamt sechs Stunden am Tag. Diese sollten Sie am besten in zwei mal drei Stunden Lernzeit, jeweils am Morgen und am späten Nachmittag, aufteilen.

Zu Beginn eines Lernvorgangs, wenn Sie also gerade etwas Neues gelernt haben, vergessen Sie davon besonders viel. Es sind daher mehrere Lerndurchgänge nötig, um den neuen Stoff richtig zu verankern. Gerade beim Auswendiglernen – von Vokabeln, Daten, Definitionen, Formeln – sollten Sie nicht zu lange an einem Stück lernen, sondern stattdessen besser die Vokabeln/Daten etc. in Portionen aufteilen, die an mehreren Tagen nach und nach gelernt werden.

Das erneute Lernen beginnt stets mit dem Wiederholen des Lernstoffs vom vorangegangenen Tag und wird anschließend durch neue Portionen vervollständigt. Gehen Sie nach diesem Prinzip auch bei der Vorbereitung auf eine Klassenarbeit/Klausur vor: Das Üben beginnt stets mit dem Wiederholen des am vorhergehenden Tag gelernten Stoffes, dann erst kommt Neues hinzu.

Wenn Sie sich langfristig auf eine größere Prüfung vorbereiten, empfiehlt es sich, Gelerntes nach einer Woche und erneut nach mehreren Wochen zu wiederholen. Wenn Sie so vorgehen, bleibt die Erinnerung an das Gelernte immer etwa gleich stark. Wenn Sie nicht regelmäßig wiederholen, ist schon nach einem

Tag mehr als die Hälfte des Gelernten vergessen. Übrigens: Merkwürdiges, Außergewöhnliches behalten Sie viel länger, auch ohne Wiederholung.

Für Ihr Lernprogramm gilt also:
- Beginnen Sie mit dem Wiederholen des Stoffes der vergangenen Woche,
- wiederholen Sie dann den Stoff des Vortags,
- darauf folgt der neue Lernstoff,
- bereiten Sie zuletzt kurz die nächste Lernetappe vor, damit Sie am nächsten Tag einen leichteren Einstieg haben.

Nach einem Monat wiederholen Sie den gelernten Stoff erneut. So bleibt dann mit Sicherheit eine ganze Menge hängen.

Gemeinsam mit anderen lernen

Während der eine nur allein gut und effektiv arbeiten kann, profitieren andere Schüler/Studenten durchaus von einer gemeinsamen Prüfungsvorbereitung. Diese hat unter anderem den Vorteil, dass der Einzelne sich nicht hinter seinen Büchern vergräbt und isoliert. Außerdem wirkt sich gemeinsames Lernen positiv auf die Motivation aus. Damit die gemeinsame Prüfungsvorbereitung aber auch einwandfrei funktioniert, müssen zunächst einige wichtige Voraussetzungen erfüllt sein:

- Die Lerngruppe darf auf keinen Fall zu groß sein. Mehr als drei oder vier Personen sollten nicht dabei sein, denn sonst wird bereits allein das Vereinbaren von gemeinsamen Terminen zu einem Problem.

- Wenn Sie sich gemeinsam mit anderen in einer Lerngruppe auf eine Prüfung vorbereiten möchten, sollte der Wissensstand der verschiedenen Teilnehmer nicht zu sehr voneinander abweichen.

● Haben Sie beispielsweise zwei Teilnehmer mit etwa dem gleichen Wissensstand, der dritte aber ist im Stoff wesentlich zurück, dann werden einerseits die beiden Fortgeschrittenen durch den Dritten aufgehalten, dieser kann aber andererseits auch nur wenig profitieren, weil er einfach nicht mitkommt. Es bestünde die Gefahr, dass er frustriert und demotiviert würde. Für ihn wäre daher eine Lerngruppe von Teilnehmern mit angeglichenem Wissensstand besser.

● Gerade auch für die gemeinsame Prüfungsvorbereitung ist eine gute Planung unerlässlich. Wollen Sie sich gemeinsam vorbereiten, müssen Sie – genau wie beim Lernen allein – zunächst das Thema der Prüfung in Teilgebiete aufteilen, die benötigte Zeit dafür abschätzen, Materialien besorgen usw.

● Jedes Thema wird zunächst von den Teilnehmern zu Hause allein vorbereitet, z. B. jeweils eine Woche lang. Am Ende der jeweiligen Lernperiode steht die gemeinsame Zusammenkunft. Dort könnte dann einer aus der Gruppe eine Zusammenfassung vortragen. Anschließend werden noch verbliebene Fragen und Problemstellungen geklärt.

● Es ist auch möglich, die (mündliche) Prüfungssituation zu simulieren, indem einer die Rolle des Prüfers übernimmt, der andere die des Prüflings. Ebenso können Sie sich gegenseitig schriftlich Fragen vorlegen und so die schriftliche Prüfung üben.

Tipp

Die gemeinsame Prüfungsvorbereitung erfordert mindestens so viel Disziplin wie die Vorbereitung allein. Keinesfalls sollte die gemeinsame Zusammenkunft in eine Plauderstunde ausufern. Nach dem Lernen allerdings dürfen Sie gerne zusammen bei einer Tasse Tee oder Kaffee ein Schwätzchen halten – sozusagen als Belohnung.

Freies Sprechen üben

Wenn Sie Probleme damit haben, frei zu sprechen, und Ihnen daher vor einer mündlichen Prüfung besonders graut, ist es wichtig, dass Sie die mündliche Prüfungssituation simulieren und üben. Übrigens ist dies auch hilfreich, wenn Sie ein Referat halten müssen: Tragen Sie Ihren Text vorher einem Freund vor.

Eine weitere Übung, die hilft, die Angst vor dem freien Sprechen zu überwinden, sieht folgendermaßen aus: Üben Sie, indem Sie für Sie schwierige Telefonate führen. Arzttermine oder anderes sollten Sie selbst per Telefon absprechen und so das Sprechen mit für Sie fremden Personen üben und Sprechhemmungen überwinden. Holen Sie eine komplizierte Auskunft ein und fragen Sie nach, wenn Ihnen etwas unklar ist. Keinesfalls sollten Sie solche Situationen vermeiden!

Wenn es so weit ist / in der Prüfung

Lassen Sie sich im Vorfeld von Prüfungen, insbesondere am Tag und in den Stunden vor der Prüfung oder der Klassenarbeit/Klausur, nicht von anderen negativ beeinflussen. Damit tun Sie sich nichts Gutes – ganz im Gegenteil, Sie werden nur noch nervöser und angespannter. Auch sollten Sie sich nicht kurz vor der Arbeit bzw. Prüfung etwas erklären und damit verunsichern lassen. Sagen Sie sich stattdessen: „Ich habe mich gut vorbereitet, ich werde es schaffen!" Entspannen Sie sich vor der Prüfung kurz (Augen schließen, tief durchatmen) und beginnen Sie anschließend mit der Bearbeitung der Aufgaben.

Während der Arbeit beobachten Sie nicht Ihre Mitschüler, sondern konzentrieren sich von Anfang an auf sich selbst. Beginnen Sie, wenn möglich, mit leichteren Aufgaben. Beißen Sie sich nicht an schwierigen Aufgaben fest, die Sie nicht lösen können, denn dadurch könnte sich Ihre Angst erhöhen. Verschieben Sie diese lieber ans Ende der Arbeit, wenn Sie schon einen großen Teil der anderen Aufgaben gelöst haben.

Kommunikation in der Prüfung

So wie es bereits im Vorfeld der Prüfung wichtig ist, eine gute Kommunikation mit dem Prüfenden zu erreichen, um genau darüber informiert zu sein, worauf Sie sich vorbereiten müssen, kommt es auch während der Prüfung auf eine gute Kommunikation an. Stellen Sie zunächst sicher, dass Sie jede Frage richtig verstanden haben. Haben Sie nur den geringsten Zweifel daran, scheuen Sie sich nicht, nachzufragen – Ihr Prüfer wird Sie deswegen nicht schlechter benoten.

Checkliste: Prüfungsvorbereitung

- Beginne ich meine Vorbereitung früh genug?
- Besorge ich mir fehlende Materialien frühzeitig?
- Kläre ich mit dem Lehrer/Prüfer möglichst konkret ab, welche Themen zu bearbeiten sind?
- Lässt meine Planung mir ausreichend Freizeit?
- Beachte ich während des Lernens methodische Erkenntnisse?
- Kann ich meine Prüfungsangst verstehen, relativieren und in etwas Positives umkehren?

4.3 Positive Selbstbestärkung in der Prüfungsphase

Gerade in der Prüfungsphase ist es besonders wichtig, an sich selbst und seinen Erfolg zu glauben. Denn es sind oft die Selbstzweifel, die uns dazu bringen, im Vorfeld von Prüfungen und in der Prüfung selbst die Nerven zu verlieren oder zu resignieren. Neben der guten Vorbereitung ist es das Wichtigste, dass Sie Ihr Handeln und Ihre Erfolge anerkennen und an sich selbst glauben.

Zunächst einmal sind hier die Erfolge beim Lernen selbst gemeint, deswegen kontrollieren Sie diese in der Prüfungsvorbereitung noch einmal besonders. Das heißt: Erstellen Sie neben Ihrem Vorbereitungsplan, der ja unter Umständen mehrere Wochen umfasst, für jeden Tag einen knappen Plan, der die zu bearbeitenden Themen/Kapitel enthält. Jedes Mal, wenn Sie ein Kapitel bearbeitet haben, haken Sie das auf Ihrem Plan ab.

Arbeiten Sie in der Phase der Prüfungsvorbereitung besonders mit dem Mittel der Belohnung, das wir ja bereits angesprochen haben. Belohnen Sie sich für Ihre Leistungen beim Lernen, indem Sie mit Freunden zum Schwimmen, ins Kino, zu einer Party gehen oder andere Dinge tun, die Ihnen Spaß machen. Tun Sie etwas dafür, damit es Ihnen in dieser schwierigen Phase so gut wie nur möglich geht.

Auf das Äußere achten

Manch einer neigt dazu, in einer solchen Phase alles Mögliche zu vernachlässigen. Dabei sollten Sie sich gerade jetzt besonders gut pflegen. Damit ist allerdings nicht nur der Umgang mit anderen gemeint, den Sie auf jeden Fall weiterhin pflegen sollten. Ganz besonders sollten Sie auch sich selbst gut pflegen, in vielfältiger Hinsicht.

Vielleicht wäre gerade jetzt der Zeitpunkt gekommen, an dem Sie sich unbedingt die neue Jeans kaufen sollten, die Sie schon seit Längerem im Auge haben. Auch Zeit für einen Friseurbesuch sollte drin sein, wenn Sie das Gefühl haben, endlich einmal ein neues Styling zu brauchen. Legen Sie besonderen Wert auf Ihr Äußeres (Kleidung, Frisur etc.), fühlen Sie sich schön und gehen Sie in Ihren Lieblingsklamotten zur Prüfung!

Verdeutlichen wir es am Beispiel von Anna und Lena, die sich beide auf das Abitur vorbereitet haben. Nach Wochen der Prüfungsvorbereitung, in denen Anna nur noch zu Hause hinter ihren Büchern gesessen hat, sich nicht mehr mit Freunden getroffen hat, und – weil sie ja auch so gut wie gar nicht mehr aus dem Haus gegangen ist – nur noch in Jogginghose und Sweatshirt herumgelaufen ist, fühlt sie sich einfach nur noch schlecht. Weil sie den ganzen Tag nur noch am Schreibtisch gesessen hat, kein bisschen Sport getrieben und gleichzeitig zu viel Süßes gegessen hat, hat sie außerdem auch noch ein paar Pfund zugenommen. Kurz vor der Prüfung fühlt sie sich ausgelaugt, hässlich und kann überhaupt nichts mehr an sich gut finden. Ja, und dass sie die Prüfung bestehen wird, daran glaubt sie auch nicht.

Lena hingegen hat sich bestens vorbereitet, dabei hat sie an reiner Lernzeit eher weniger als Anna investiert. Sie hat einen ausgeglichenen Plan von Lernen und Freizeit erstellt und diesen auch eingehalten. Weil ihr Plan auch ihre anderen Bedürfnisse (Hobbys, Freunde, Sport u. Ä.) berücksichtigte, fiel es ihr auch nicht so schwer, sich an diesen zu halten. Sie hat sich jede Woche einmal einen ganzen freien Tag gegönnt, an dem sie entweder joggen war, sich mit ihren Freunden getroffen hat oder mit einer Freundin zum Shopping gegangen ist. Trotz Prüfungsvorbereitung versuchte sie, sich eine schöne Zeit zu machen, und fühlte sich wohl in ihrer Haut. Am Tag vor der Prüfung wiederholt sie noch einmal die wichtigsten Dinge und überlegt, was sie am nächsten Tag anziehen wird. Lena fühlt sich hübsch, ist ausgeglichen und ausgeruht und glaubt aufgrund ihres positiven Selbstbilds daran, die Prüfung mit Erfolg zu bestehen.

Natürlich sind dies extreme Beispiele, die besonders negativ bzw. besonders positiv sind, und vermutlich wäre eine Anna-Lena, eine Mischung aus beiden Personen, der realistischere

Fall. Trotzdem: Versuchen Sie in jedem Falle immer, sich dem positiven Ideal anzunähern, auch wenn es nicht immer klappt und jeder einmal einen Durchhänger hat. Versuchen Sie, es sich richtig schön zu machen, und machen Sie sich selbst schön, denn dann fühlen Sie sich besser. Und wer sich besser fühlt, kann besser mit dem Prüfungsstress und der Angst umgehen.

Sie erreichen damit, dass Sie sich grundsätzlich in eine positive innere Haltung und in eine positive Stimmung versetzen. Dies trägt entscheidend dazu bei, dass Sie es auch leichter schaffen werden, sich selbst im Hinblick auf die Prüfung positiv zu bestärken. Sagen Sie sich jeden Tag: „Ich schaffe es!", „Ich bin gut vorbereitet!", „Mir kann nichts passieren!"

Die „Positive-Eigenschaften-Liste"

Hilfreich ist es außerdem, wenn Sie – wie auch schon bei der Motivationssteigerung – eine ausführliche Liste erstellen, in der Sie all Ihre positiven Eigenschaften und Fähigkeiten aufführen. Wiederum gehören hier ebenso schulische/fachliche wie soziale Fähigkeiten hinein.

Wenn Sie der Ansicht sind, keine oder nur wenige positive Eigenschaften zu haben, fragen Sie doch Ihre Freunde oder auch Ihre Verwandten, die können Ihre Liste bestimmt vervollständigen. Wenn Sie weiterhin dazu neigen, negativ von sich selbst zu denken, insbesondere im Hinblick auf die bevorstehende Prüfung, versuchen Sie es mit der Umkehrung negativer Gedanken in positive.

Übung 83:

Sehen Sie sich die linke Seite der folgenden Tabelle an. Sie enthält negative Gedanken, wie sie Menschen mit Prüfungsangst in der Regel haben. In der rechten Spalte versuchen Sie nun, diese negativen Gedanken/Aussagen durch positive zu ersetzen! Das erste Beispiel ist vorgegeben.

negative Gedanken	positive Gedanken
In Prüfungen habe ich schon immer versagt.	Das war früher und zählt nicht mehr. Ich weiß jetzt, wie ich es besser machen kann.
Ich kann mich nicht konzentrieren.	
Ich habe Angst und ich verachte mich für diese Angst.	
Was ich lernen muss, ist viel zu viel, ich werde es nie schaffen.	
Ich hasse dieses Fach, ich werde es niemals schaffen.	

Wenn Sie weitere negative Gedanken bei sich entdecken, schreiben Sie sich auch diese auf und ersetzen Sie sie durch positive. Streichen Sie die negativen Gedanken anschließend mit einem dicken Filzstift durch.

Der Gedankenstopp

Leiden Sie weiterhin unter negativen Gedanken, versuchen Sie, diese per Gedankenstopp aufzuhalten. Wenn Sie merken, dass sich wieder ein negativer Gedanke einschleicht, sagen Sie am besten laut „STOPP!". Sie können sich dabei, um es noch deutlicher zu machen, richtig selbst ansprechen: „Tom, du hörst jetzt auf!" Setzen Sie anschließend einen positiven Gedanken dagegen.

Eine andere Möglichkeit geht zunächst einmal in eine ganz andere Richtung als der Gedankenstopp: Sie lassen den negativen Gedanken zu und malen sich die Prüfungssituation bis zum Schlimmsten aus: „Ich werde schon weinend hereinkommen und keinen Ton herausbringen außer meinem Schluchzen. Kalkweiß im Gesicht, schweißüberströmt werde ich dastehen. Ich werde in Ohnmacht fallen, dem Prüfer in die Arme ..." Diese übertrieben negative, auf die Spitze getriebene und fast schon ein wenig lächerliche Situation kann Ihnen helfen, einzusehen, dass Ihre negativen Gedanken nicht angemessen sind und dass sie nicht der Realität entsprechen, sondern in Ihrem Kopf entstehen. Und eben genau da können sie auch entkräftet werden.

Versuchen Sie anschließend, eine positive Vorstellung von der Prüfungssituation aufzubauen. Malen Sie sich also die Prüfungssituation in angenehmen Bildern aus: „Ich komme in den Raum hinein und es geht mir gut. Gut, ein wenig aufgeregt bin ich, aber das ist vollkommen in Ordnung, das hilft mir sogar, die Prüfung gut zu bestehen. Die Prüfer sehen mich freundlich an und begrüßen mich. Sie sind mir wohlgesonnen und wollen, dass ich die Prüfung bestehe. Schon die erste Frage kann ich gut beantworten ... Sollte ich aber eine Frage nicht beantworten können, ist das kein Drama. Bei der nächsten Frage weiß ich die Antwort wieder."

Stellen Sie sich dann aber auch vor, dass Sie merken, wie Angst aufkommt und wie Sie damit umgehen: „Ich sage mir: Ich bleibe ruhig und atme tief durch. Ich schaffe es! Ich bin gut vorbereitet und schaffe es." Stellen Sie sich bildlich vor, wie Sie sich wieder beruhigen und die Situation in den Griff bekommen.

Wiederholen Sie diese positiven Vorstellungen, sobald Sie „Katastrophengedanken" entwickeln.

Positive Gedanken für die Prüfungsvorbereitung

Die folgenden positiven Selbstaussagen sollen Ihnen in der Prüfungsphase eine Hilfe sein. Setzen Sie sich anfangs täglich mit ihnen auseinander.

- „Ich werde meine Angst nicht verdrängen, ich werde mich mit ihr auseinandersetzen und sie aktiv auf das richtige Maß bringen."
- „Meine Angst ist eigentlich positiv. Ich werde sie als Antrieb nutzen."
- „Ich werde meine Zeit gut einteilen, sodass ich alles Notwendige für die Prüfung vorbereiten kann."
- „Ich werde meine positiven Ressourcen nutzen."
- „Ich werde positive Gedanken gegen negative setzen."
- „Dieses Mal wird es anders sein, denn ich bin bestens vorbereitet."
- „Ich werde mich selbst gut pflegen, gut mit mir umgehen, denn ich bin es wert."
- „Ich werde es schaffen."

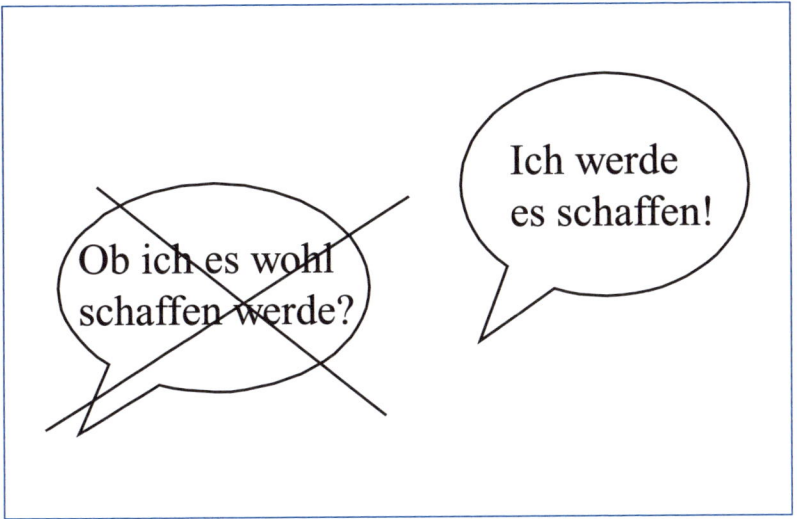

Tipp

Übrigens: Gefühle wie Freude und Stolz fördern die Ausschüttung von Glücksbotenstoffen wie Serotonine und Endorphine. Diese stärken die körperliche Abwehr. Bei negativen Gefühlen wie Wut oder Angst werden Zytokine ausgeschüttet, die chronische Entzündungsprozesse auslösen können. Mit positiven Gedanken leben Sie also einfach besser und gesünder, das gilt nicht nur im Hinblick auf Ihre Prüfungen!

Wenn es Ihnen an Selbstwertgefühl mangelt, Sie sich klein und schlecht fühlen, und das vielleicht nicht nur in der Prüfungszeit, können Sie sich mit den folgenden Sätzen helfen, die Sie sich am besten täglich mehrmals vorsagen:

- „Ich bin etwas ganz Besonderes. Ich mag mich, wie ich bin, und fühle mich gut. Trotzdem versuche ich, mich weiterhin zu verbessern, sowohl im Hinblick auf meine sozialen Fähigkeiten als auch im Hinblick auf meine schulischen Leistungen. Dies wird mir auch gelingen. Ich mag mich, heute und auch morgen."

- „Ich bin einzigartig. Auf der ganzen Welt gibt es niemanden, der so ist wie ich. Vielleicht sehe ich dem ein oder anderen ähnlich, aber dennoch: Ich bin einzigartig und ich bin gut so, wie ich bin."

- „Ich bin etwas ganz Besonderes. Ich habe viele Talente. Ständig entdecke ich neue Qualitäten an mir. Ich brauche keine Angst zu haben. Ich schaffe, was ich mir vornehme."

- „Ich bin positiv, ich denke positiv und mein Leben wird sich positiv entwickeln. Ich bin voller Energie und ich werde diese Energie positiv einsetzen."

Wenn Sie dabei das Gefühl haben, sich selbst etwas vorzumachen, dann liegt das daran, dass das negative Bild, das Sie von sich haben, bereits sehr tief sitzt und fest in Ihnen verankert ist. Höchste Zeit also, das negative Bild durch ein positives zu ersetzen! Wenn Sie diese Gedanken längere Zeit täglich mehrmals lesen und sich selbst vorsagen, werden Sie Ihr altes, negatives Bild durch ein neues, positives Bild ersetzen. Denn es ist so: Sie fühlen sich wie der, für den Sie sich halten: positiv, stark und liebenswert.

Mit diesen positiven Gefühlen gestärkt, ist die folgende Konzentrationsübung sicherlich kein Problem für Sie:

Übung 84:

Sehen Sie sich das Zahlengitter genau an und prägen Sie sich die Lage der Zahlen ein!

		7							8
				2					
	1								
							10		
5			6						
	4								3
				9					

Blättern Sie nun um und versuchen Sie, die Lage der Zahlen korrekt in das leere Gitter einzutragen!

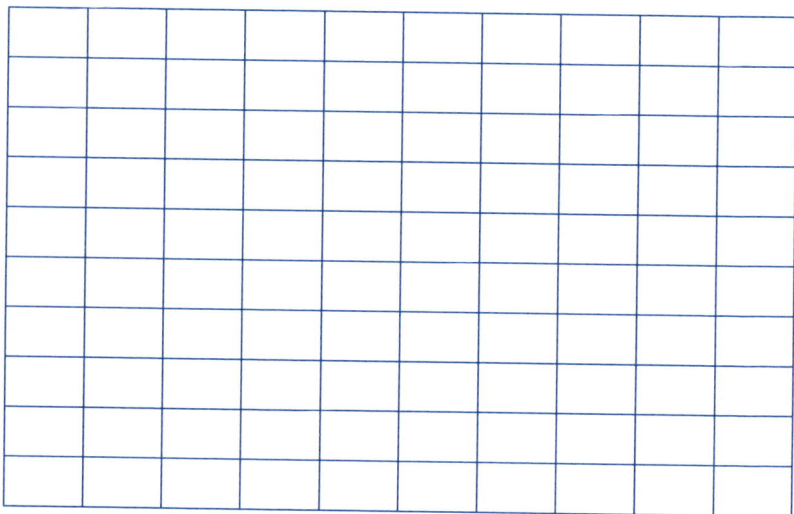

Prüfungsangst abbauen leicht gemacht

Wie Sie in diesem Kapitel erfahren haben, kann sich Prüfungsangst – wie Angst im Allgemeinen – in verschiedenen Formen
äußern: von Schlafstörungen über Übelkeit oder Durchfall bis
hin zu Herzrasen und vielem mehr.

Angst ist, biologisch betrachtet, eine sinnvolle Reaktion, die
uns schützt. Sie soll uns, wie schon unseren Vorfahren, in einer
Gefahrensituation die Möglichkeit zur Flucht oder zum Angriff
geben. Auch Prüfungsangst kann positiv sein, wenn sie auf ein
mittleres Maß gebracht wird. Sie ermöglicht es u. a., Energiereserven zu mobilisieren. Ein gewisses Maß an Angst gehört zu
einer Prüfungssituation dazu und kann uns antreiben. Die
Angst sollte nicht verdrängt werden. Versuchen Sie also, Ihre
Angst zu verstehen und anzunehmen, um sie (weitgehend)
überwinden zu können.

Das A und O einer möglichst angenehmen Prüfungszeit ist
dabei natürlich die gute Vorbereitung. Sie sollten frühzeitig mit
dem Lernen beginnen, das gibt Ihnen Sicherheit. Beachten Sie

dabei die bereits bekannten lernpsychologischen Grundlagen. Isolieren Sie sich nicht, treffen Sie sich mit Freunden, lernen Sie mit anderen zusammen. Planen Sie so, dass Ihr Leben nicht nur aus Lernen besteht, sondern auch aus Freizeit und schönen Erlebnissen.

Wenn Sie sich gut fühlen, weil Sie sich etwas Gutes tun, wird es Ihnen auch leichterfallen, sich selbst positiv zu bestärken. Sagen Sie sich jeden Tag, dass Sie es schaffen werden und dass Sie gut vorbereitet sind. Streichen Sie negative Gedanken aus Ihrem Leben. Setzen Sie bewusst positive Gedanken gegen negative! Erstellen Sie eine „Positive-Eigenschaften-Liste" und loben Sie sich jeden Tag für das, was Sie geschafft haben. Um ein besseres Selbstwertgefühl zu bekommen, sollten Sie sich mehrmals täglich positive Gedanken über sich selbst machen.

Zum Abschluss dieses Kapitels sollten Sie die folgenden Konzentrationsübungen lösen, damit Ihre gerade erst antrainierten Fähigkeiten nicht gleich wieder verloren gehen.

Übung 85:

Folgen Sie mit den Augen (nicht mit den Fingern) den Linien und finden Sie zu jedem Buchstaben die dazugehörige Zahl. Notieren Sie das Ergebnis. Überprüfen Sie Ihr Ergebnis anschließend, indem Sie mit einem Finger nachfahren.

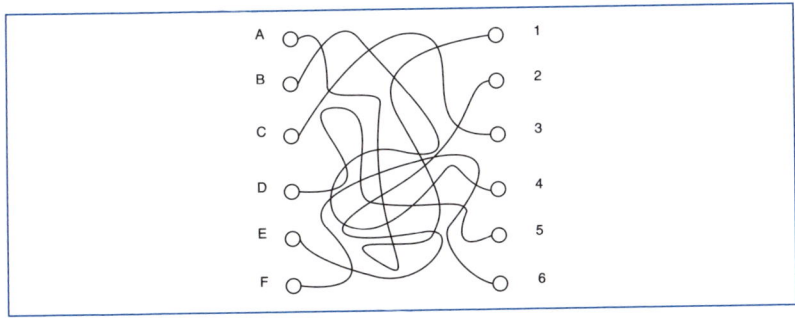

Suchen Sie erst die Zahlen in der richtigen Reihenfolge, anschließend die Buchstaben!

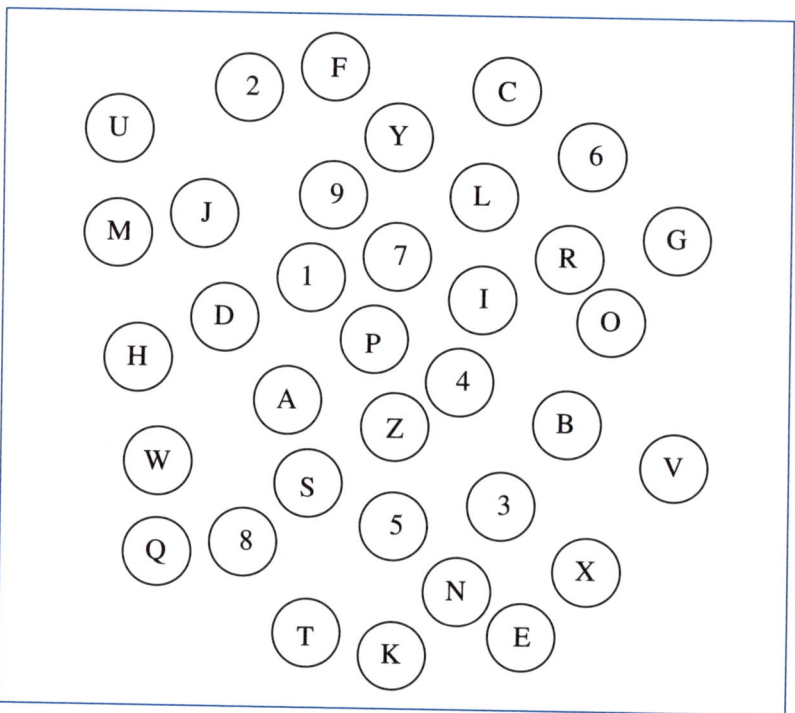

Wie viele Ecken hat diese Figur?

Checkliste: Prüfungsangst

- Angst ist eine natürliche körperliche Reaktion, die jeder kennt und für die Sie sich nicht schämen müssen.
- Angst kann leistungssteigernd und konzentrationsfördernd wirken, wenn sie auf ein gesundes Maß gebracht wird.
- Lampenfieber ist eine natürliche Körperreaktion, die jeden plötzlich und unerwartet überfallen kann. Es hat sehr viel mit dem eigenen Ego zu tun.
- Lampenfieber kann sich positiv (Motivations- und Konzentrationssteigerung) und negativ (Kontrollverlust usw.) auswirken?
- Wenn Sie einen Blackout haben, sollten Sie nicht einfach stumm dasitzen, sondern mit Ihrem Prüfer darüber sprechen. Das kann Ihnen helfen, wieder einen klaren Kopf für die Prüfungsinhalte zu bekommen.
- Indem Sie die Gefahr einer Prüfung relativieren, vermindern Sie auch Ihre Angst.
- Nehmen Sie keine Medikamente gegen Ihre Angst, dadurch verdrängen Sie sie nur.
- Finden Sie heraus, welche Fehler Sie am häufigsten machen, und arbeiten Sie gezielt an ihnen. Durch diese Vorbereitung lässt sich Ihre Prüfungsangst vermindern.
- Denken Sie positiv! Sollten sich vor einer Prüfung negative Gedanken oder Ängste bei Ihnen bemerkbar machen, setzen Sie diesen positive gegenüber.
- Versteifen Sie sich während der Prüfungsvorbereitung nicht auf stures Lernen, sondern gönnen Sie sich zwischendurch auch etwas Gutes und belohnen Sie sich für Ihre Zielstrebigkeit und Ihren Eifer.

Im Anschluss haben wir Ihnen wieder zahlreiche Konzentrationsübungen zusammengestellt.

Übung 88: Würfelspiel

Aus wie vielen Würfeln besteht diese Figur?

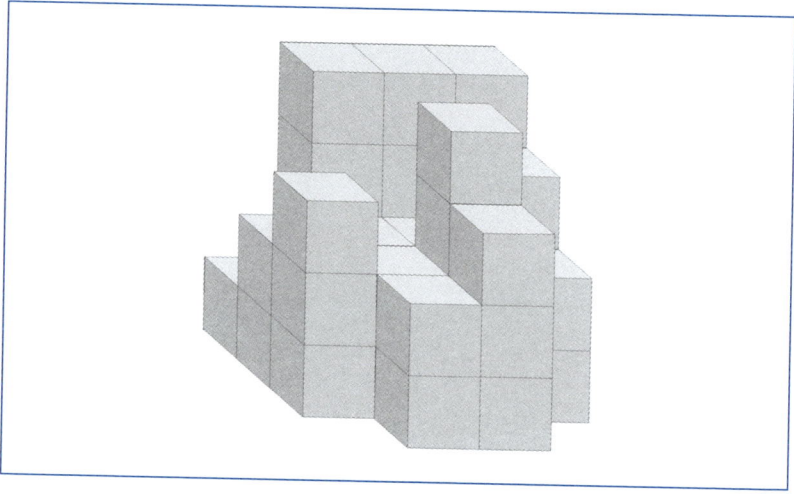

Übung 89: Mosaikrätsel

In der richtigen Reihenfolge zusammengesetzt ergeben folgende Buchstabengruppen ein Zitat von Cicero!

ange – beiten – dieg – enar – etan – nehm – sind

Tipp

Ein Wort, das durch Umstellung der einzelnen Silben oder Buchstaben eines anderen Wortes gebildet wurde, bezeichnet man als Anagramm.

Übung 90: Symbolpfad

Finden Sie den Weg von einem Stern zum nächsten! Sie dürfen dabei nicht diagonal gehen. Außerdem muss das nächste Feld, das Sie betreten dürfen, entweder das gleiche Symbol oder die gleiche Zahl aufweisen wie das Feld, auf dem Sie sich gerade befinden.

○ 6	◇ 5	◇ 3	◇ 4	☆ 3	△ 2
◇ 7	○ 3	◇ 1	□ 7	△ 3	○ 1
○ 6	○ 6	△ 3	△ 4	△ 2	◇ 6
○ 8	○ 8	◇ 3	□ 2	○ 1	□ 6
◇ 6	△ 5	○ 3	◇ 1	◇ 7	△ 2
○ 7	○ 3	○ 3	○ 2	○ 2	○ 7
△ 7	○ 1	□ 6	◇ 7	△ 4	△ 6
◇ 7	△ 6	○ 8	○ 3	□ 3	△ 7
◇ 5	○ 5	○ 4	◇ 1	△ 3	◇ 3
○ 6	△ 3	◇ 7	○ 6	□ 8	◇ 5
□ 3	○ 6	◇ 2	□ 7	◇ 6	○ 5
◇ 1	△ 4	○ 7	○ 4	△ 8	○ 8
○ 3	○ 7	□ 6	△ 2	△ 1	◇ 7
☆ 7	△ 6	○ 5	○ 2	○ 7	◇ 5
○ 7	○ 7	○ 5	□ 3	○ 8	□ 7

Übung 91: Fehlersuchbild

In dem rechten Bild haben sich sechs Fehler eingeschlichen. Finden Sie sie!

Übung 92: Sudoku

Füllen Sie das Gitter so, dass die Ziffern 1 bis 9 in einer Spalte, in einer Reihe und in einem dick umrandeten Feld nur einmal vorkommen!

5		8			1			4
9				4	2			
7	6			8			3	
6	4							
		9		5		2		
							8	3
	3			1			2	9
			5	7				1
			4			3		7

Übung 93: Blindfeldsuche

Dieses Buchstabenfeld ist ein normales Kreuzworträtsel. Die Trennfelder sind allerdings durch Buchstaben verschleiert. Finden Sie die unten angegebenen Wörter und Sie finden die Position der Trennfelder heraus!

Aus den in den Trennfeldern stehenden Buchstaben ergibt sich, zeilenweise von oben nach unten gelesen, ein Zitat von Johann Wolfgang von Goethe. Die Wörter sind:

ANANAS, ARCHE, ASPEKT, AUSREDE, CIS, DIA, ERBLICH, ERN, EVA, FAD, FRAGE, GAR, GERECHT, GIN, GUT, KELLER, LAU, LEE, LIL, LOT, LUEGE, LUKAS, NEU, REE, REITEN, ROH, SCHAUER, SCHEIBE, SOL, SPECHT, TAG, TAT, TATAR, TUNEN

F	A	D	B	S	C	H	A	U	E	R	E	L	O	T
R	G	I	L	U	I	E	R	C	V	K	T	E	W	A
A	N	A	N	A	S	E	C	R	A	S	P	E	K	T
G	T	R	E	U	U	E	H	R	E	P	I	N	I	A
E	R	N	M	S	C	H	E	I	B	E	B	G	A	R
U	S	E	E	R	N	T	R	A	E	C	G	U	T	K
L	A	U	E	E	R	B	L	I	C	H	I	T	A	T
U	N	O	P	D	F	E	U	R	W	T	I	R	D	U
K	E	L	L	E	R	I	E	H	R	E	I	T	E	N
A	N	I	J	E	E	G	G	E	O	R	E	A	U	E
S	O	L	E	G	E	R	E	C	H	T	N	G	I	N

Das gesuchte Zitat lautet:

_____

_____

Übung 94: Symbolpfad

Finden Sie den Weg von einem Stern zum nächsten! Sie dürfen dabei nicht diagonal gehen. Außerdem muss das nächste Feld, das Sie betreten dürfen, entweder das gleiche Symbol oder die gleiche Zahl aufweisen wie das Feld, auf dem Sie sich gerade befinden.

○ 7	△ 2	△ 1	△ 8	☆ 8	□ 6
◇ 2	□ 2	◇ 8	○ 1	□ 4	◇ 5
△ 2	○ 5	△ 1	△ 4	◇ 1	□ 7
△ 6	◇ 4	◇ 1	○ 8	◇ 5	◇ 8
△ 7	○ 6	◇ 3	△ 2	◇ 7	◇ 2
△ 1	□ 7	◇ 1	○ 4	○ 8	○ 2
△ 8	○ 6	△ 2	△ 8	□ 4	○ 6
△ 3	△ 5	◇ 4	◇ 2	△ 6	○ 6
□ 8	○ 5	○ 8	□ 6	○ 7	○ 2
□ 1	△ 8	○ 6	△ 7	◇ 8	○ 8
○ 2	○ 2	□ 6	◇ 1	○ 4	□ 5
○ 5	○ 6	□ 8	△ 5	△ 7	○ 7
□ 1	◇ 4	△ 8	◇ 1	△ 4	□ 7
☆ 3	○ 3	△ 3	○ 4	△ 7	○ 8
△ 8	○ 2	○ 5	◇ 1	○ 6	○ 2

Übung 95: Buchstabensalat

Durchforsten Sie den Buchstabensalat und finden Sie die gesuchten Wörter! Die Wörter können in jede Richtung (also auch von rechts nach links oder von unten nach oben) gelesen werden. Beachten Sie: Auch diagonale Anordnungen sind möglich!

Die gesuchten Wörter sind:

ANGESEHEN, ARKUS, AUFLAUF, BAUMSCHERE, EDAM, EHERN, EINS, EUCH, FERN, FOTO, FROH, GNEIS, HAARSCHARF, HOBBY, HOHL, IRIS, ISRAELI, KEIN, KONFUS, LIMONE, LUIS, MOHAIR, NIGER, OEDNIS, OHEIM, ORIGINELL, PAAR, PIRAT, PUNCH, RAUCHERN, REGENWURM, SCHARF, SHIRT, TANNIN, TAXE, TRAFO, TREFF, UFER, URNE, VENUSSCHUH, VERWICKELT, WINDHUK, ZERAT

T	N	R	E	F	U	A	L	F	U	A	N	M	V	O
A	L	R	A	R	K	U	S	R	M	R	A	E	I	T
N	N	E	E	A	E	U	B	O	E	D	N	I	S	O
N	I	G	K	H	P	H	H	H	E	U	E	L	R	F
I	I	E	E	C	E	A	C	D	S	I	R	I	A	A
N	T	N	K	S	I	U	L	S	N	P	G	M	E	R
Z	R	W	P	R	E	W	C	S	M	I	U	O	L	T
V	E	U	I	A	F	H	R	I	N	U	W	N	I	R
E	F	R	R	A	U	O	E	E	R	C	A	E	C	I
I	F	M	A	H	T	H	L	N	V	Y	B	B	O	H
E	X	A	T	T	O	L	E	G	K	O	N	F	U	S

Übung 96: Buchstaben-Zeichen-Kombination

In dieser Übung geht es darum, alle d-Zeichen zu finden, die mit zwei Punkten versehen sind! Dabei ist es egal, ob die Punkte über dem d, darunter oder sowohl als auch platziert sind.

```
         ..        .
RICHTIG:  d    d    d
         ..    .
```

Nicht zu zählen sind die d-Zeichen mit einem, drei oder vier Punkten sowie p-Zeichen mit egal wie vielen.

```
    ..  .  .         ..  .  .  ..        ..           .
    d  d  d  d  d  p  d  p  p  p  p  d  p  d  p
    .   .  ..      .  .      ..  ..      ..  .

    .  .  .  ..         .  .  ..  .      .
    d  p  d  p  d  d  d  d  d  p  p  d  d  p  d
    .  .      .      ..      .   .      .  ..      .

    ..     .      .   .  ..  .   .   .            .  ..
    d  d  d  d  d  p  d  p  d  d  p  d  p  p
    ..     .         .   .         ..  .   .

    .  ..      .   .         ..  .   .            ..  .
    p  d  p  d  p  d  p  d  p  d  p  p  d  d
    ..  .   .   .               ..  .   ..

    .       .      .         ..      .   .      .
    p  d  d  d  d  d  p  p  d  d  p  d  d  d
    .      .  ..      .      .   .   .

    .       .      ..  .      .  .  .         ..      .
    d  p  p  d  p  d  p  d  p  d  p  d  d  d
    ..  .   ..  .         .      .   .
```

Übung 97: Go-Übung

Welches dieser drei 9er-Muster ist auf dem großen Feld enthalten? Passen Sie auf: Unter Umständen muss die Vorlage im Kopf gedreht werden, damit sie ins große Feld passt!

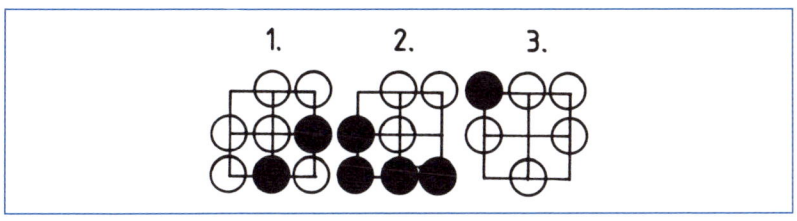

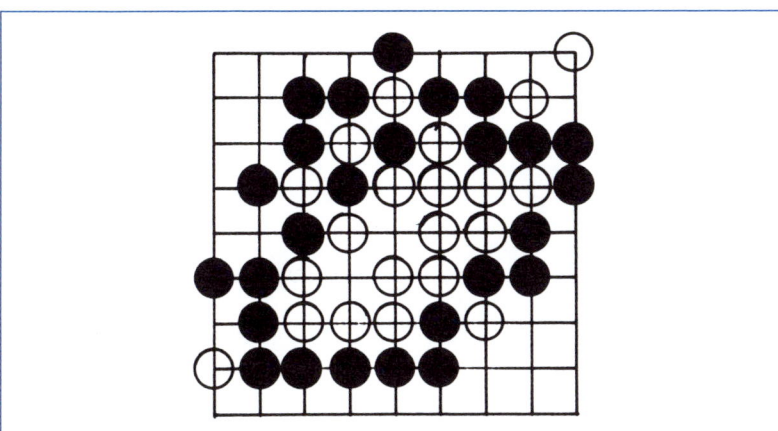

Übung 98: Streichholz

Legen Sie ein Streichholz so um, dass die Aufgabe stimmt!

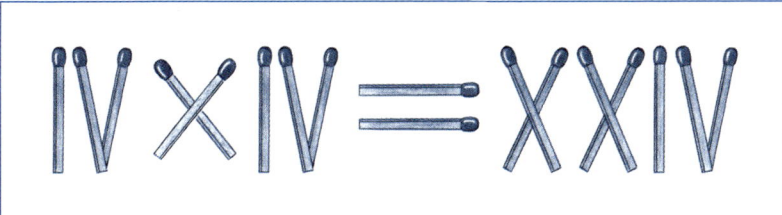

Übung 99: Optische Zählübung

Wie viele Dreiecke – ohne solche, die durch Überschneidungen entstehen – sehen Sie hier?

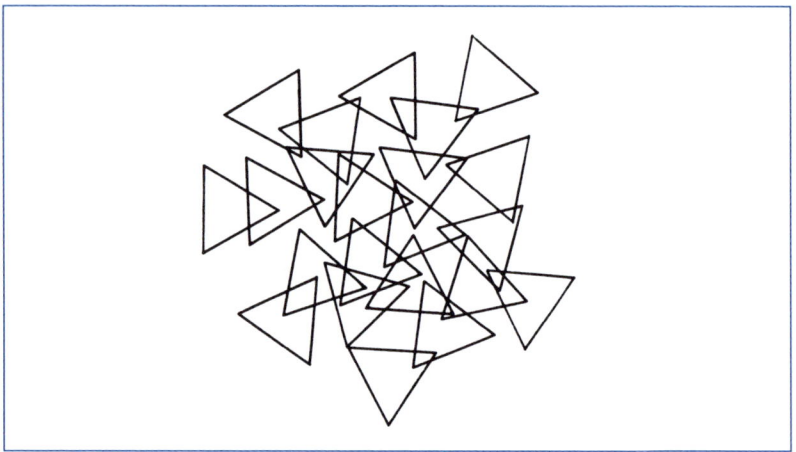

Übung 100: Linien verfolgen

Folgen Sie mit den Augen (nicht mit dem Finger!) den Linien und finden Sie zu jedem Buchstaben die dazugehörige Zahl! Notieren Sie das Ergebnis. Überprüfen Sie Ihr Ergebnis anschließend, indem Sie die Linien mit einem Finger nachfahren.

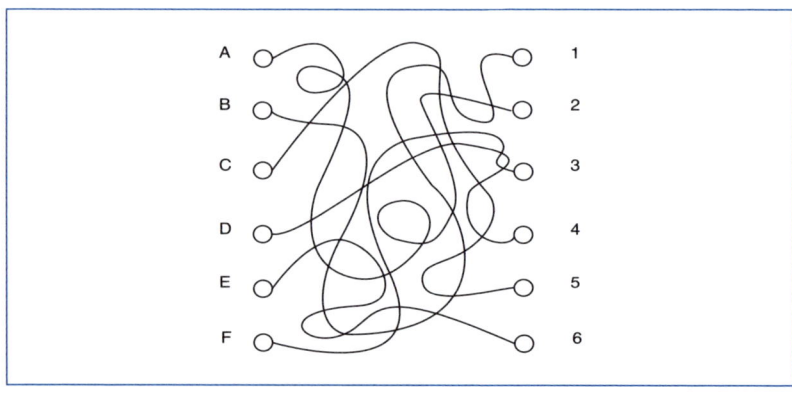

Übung 101: Leseübung

Im folgenden Text sind die Worte normal angeordnet, die Buchstaben in den Wörtern allerdings von rechts nach links. Lesen Sie den Text möglichst zügig und am besten laut vor!

Die importierte Comic-Hetze

ml efual red re05-erhaj mak se uz renie nelanoitanretni dgaj fua sad muidem cimoc. os nedruw scimoc na nehciltneffö neztälp hcilbätshcub tnnarbrev. red resölsua rüf eid cimocezteh raw nie hcub sed srenakirema cirderf mahtrew. se etsöl nenie nerhaw mrutsreuef red itna-cimoc-eiretsyh sua. rüf mahtrew neraw scimoc na mella dluhcs, saw ni reresnu tfahcslleseg feihcs feil, nov tätilanimirkdneguj rebü elleuxes nenoisrevrep sib nih muz sumsissar. red nrozsklov etethcir hcis rov mella negeg rorroh-scimoc, eid slamad eiw etueh ieb negnuj nresel rehs tbeileb neraw. dlab nednaf hcis hcua ni aporue – srednoseb mi negihcarpshcstued muar – reztühcsdneguj, eid eid „etnub tsepredlib", eid „etfehdnuhcs" nettoruzsua nethcusrev.

Übung 102: Buchstaben finden

Suchen Sie unter den folgenden Buchstaben diejenigen (waagerechten) Paare heraus, die im Alphabet in Leserichtung aufeinander folgen (*ab, ij, yz* etc.)!

```
q r e t r s q c b n w m g j k i p d f r a w b m d t e u z h j t k s
d f x v b a y q g b v b s d j k i o i z z j r e t u b a m i o k q r e
s t b n j z r i a d d e f g b d t z u w c n l p s l m e r w t z a f u
o a b d x v b z e f w q f r t s t b y p w g b c r t h g d e c a w
k l o p q f e s m k f t z u i o p c w x q a r n d m n n j l z v b v
g h y z e i o v c d w r g f d b m l e s z u p b x v f g e h a q w
s c t h i k e r f z h t g u j i k o l p m b n v c y x z r y j o p
```

5. Entspannungsmethoden

So, wie wir uns in Prüfungsphasen angespannt fühlen, geht es uns oft auch in anderen Situationen: Wir empfinden Stress. Und auch Stress gehört zu den Konzentrationskillern. Doch was ist Stress eigentlich und wie wirkt er sich auf den menschlichen Organismus aus? Stress ist „modern" und in unserer Leistungsgesellschaft jederzeit und überall anzutreffen. Stress ist jedem bekannt und als Zustand hat jeder ihn bereits durchlebt: in Form von sogenannten Stresssituationen.

Mithilfe von Entspannungsmethoden jedoch können wir dem Stress entgegenwirken. Sie helfen dabei, dass wir uns wieder besser konzentrieren können.

5.1 Was ist Stress?

Die meisten Menschen sehen in Stress etwas Negatives, etwas, das sie überfordert und vielleicht sogar krank macht. Medizinisch gesehen versteht man unter Stress einen Zustand des Organismus, der durch bestimmte körperliche Reaktionen auf verschiedene Reize ausgelöst wird. Die körperlichen Reaktionen sind beispielsweise ein höherer Blutdruck, ein schnellerer Herzschlag oder eine schnellere Atmung. Auch die Muskeln werden stärker durchblutet und angespannt, um besser reagieren zu können. Insgesamt stellt der Körper also Energie bereit. Das erinnert Sie an die beschriebenen Reaktionen bei Prüfungsangst? Richtig, denn Prüfungsangst ist eine Form von Stress.

Symptome von Stress

Besonders schwierig und auch gesundheitsschädlich wird es, wenn der Stress auf Dauer nicht wieder abgebaut wird. Dauerstress kann sich in einer Vielzahl von Symptomen äußern:

- Schweißausbrüche
- Konzentrationsschwierigkeiten
- Schwindelgefühle
- chronische Müdigkeit
- Kopfschmerzen
- Verspannungen
- Rückenschmerzen
- Angstgefühle
- Herzrasen
- Verdauungsbeschwerden
- Nervosität

Auch das Immunsystem wird geschwächt und man ist anfälliger für Erkältungen oder sogar schwerwiegendere Erkrankungen. Wollen wir nicht durch Stress krank werden, muss unser Organismus die Belastungen ausgleichen, indem er sich zwischenzeitlich regeneriert. Nur wenn wir uns Erholungspausen gönnen, in denen wir wieder Energie schöpfen, können wir auch wieder Leistungen erbringen.

Stress und Entspannung

Nur wenn das Verhältnis zwischen Anspannung und Entspannung ausgeglichen ist, können wir gesund und zufrieden leben – eine Grundvoraussetzung für Konzentration. Damit entsprechen wir nämlich dem natürlichen Bedürfnis unseres Körpers, denn dieser ist so „programmiert": Er befindet sich idealerweise abwechselnd entweder in der Aktions- oder in der Regenerationsphase. Für die Aktionsphase ist das sympathische Nervensystem zuständig, während das parasympathische Nervensystem der Regeneration dient und Energiepotenziale wieder aufbaut.

Eine kurzfristige Stressbelastung ist nicht schlimm, wenn anschließend Entspannungsphasen folgen. Chronische Belastungen allerdings sind eine Gefahr für die Gesundheit. Damit es dazu erst gar nicht kommt, sollten Sie mit Entspannungsmethoden und Sport entgegenwirken.

Anregender und schädigender Stress

Aus dem Beschriebenen geht es eigentlich schon hervor: Die durch eine Stressbelastung ausgelöste Reaktion ist nicht generell negativ. Ganz ähnlich – nämlich mit heftigem Herzklopfen – reagiert Ihr Körper auch bei einem Date mit Ihrem Schwarm.

Die medizinische Wissenschaft unterscheidet daher zwischen gutem, anregendem Stress (= Eustress) und schädigendem, negativem Stress (= Disstress). Der Eustress ist lebensnotwendig. Stellen Sie sich nur vor, Sie hätten überhaupt keine Anregungen mehr, auf die Sie reagieren müssten, nichts mehr, das Sie fordert. Das würde körperliche, geistige und seelische Stagnation (Stillstand) bedeuten. „Wer rastet, der rostet" wäre hier wohl das passende Sprichwort.

Und denken Sie nur daran, wie gut Sie sich nach einer erfolgreichen Leistung fühlen, die Sie eigenständig vollbracht haben, auch wenn es vorher noch so stressig war. Versuchen Sie doch einmal, das Lernen unter diesem Aspekt zu sehen!

Allerdings kommt es darauf an, das gesunde Mittelmaß zwischen positivem und negativem Stress zu erkennen und so nach einer Anspannung wieder Entspannung zu finden. Ebenso wie es ungut wäre, wenn wir keine Herausforderung mehr hätten, ist es gefährlich und gesundheitsschädlich, wenn die durch Stressfaktoren erzeugten körperlichen Reaktionen und Verspannungen nicht mehr abgebaut werden. Zwar können wir den schädigenden Stress nicht gänzlich vermeiden, aber wir können lernen, auf ihn so zu reagieren, dass er uns weniger schadet.

Dazu ist es notwendig, dass Sie sich einen Überblick darüber verschaffen, was Sie eigentlich unter Stress setzt und wie Sie möglicherweise den ohnehin vorhandenen Stress noch zusätzlich selbst verstärken.

Übung 103:

Fragen Sie sich: „Wann gerate ich in Stress?"

	trifft zu
Wenn mein Zeitplan durcheinandergerät.	
Wenn ich mehrere Dinge gleichzeitig erledigen muss.	
Wenn mehrere Menschen gleichzeitig etwas von mir wollen.	
Wenn ich zu viel Arbeit habe.	
Wenn ich Probleme mit Freunden, Kollegen habe.	
	X
	X
	X
	X

Übung 104:

Fragen Sie sich außerdem: „Womit setze ich mich selbst unter Stress?" Kreuzen Sie in der Tabelle auf der folgenden Seite Zutreffendes an!

	trifft zu
Ich will immer alles mindestens hundertprozentig machen.	
Ich will es allen recht machen.	
Ich nehme mir oft zu viel vor.	
Ich mache keine Pausen.	
Mir ist sehr wichtig, was andere über mich denken.	
Ich denke: „Das schaffe ich nicht. Ich werde versagen."	
Es ist fürchterlich, wenn etwas nicht so läuft, wie ich es mir vorstelle.	
Ich darf auf keinen Fall Fehler machen.	

Stressverstärker

Bei diesen Gedanken und Einstellungen handelt es sich um sogenannte Stressverstärker: Gedanken, die unseren Stress verstärken. Sie treten besonders in Stresssituationen auf und belasten uns dann noch mehr. Es ist daher wichtig, sich mit solchen Gedanken auseinanderzusetzen und wieder zu einer realistischen Sichtweise der Dinge zu gelangen. Es ist wesentlich hilfreicher, sich in stressigen Situationen selbst Mut zu machen und sich zu sagen: „Ich schaff das schon!", als sich vorzustellen, was alles schiefgehen könnte.

Der amerikanische Psychotherapeut Albert Ellis (1913–2007) benennt eine ganze Reihe von Lebenseinstellungen, die bei vielen Menschen dazu beitragen, dass Stress entsteht bzw. verstärkt wird. Er nennt diese Lebenseinstellungen „irrationale Überzeugungen".

Übung 105:

Anhand einer solchen Überzeugung können Sie sich im Folgenden einmal mit einer Stress verstärkenden Einstellung auseinandersetzen. Die irrationale Überzeugung lautet: „Ich bin nur dann etwas wert, wenn ich leistungsfähig, kompetent und erfolgreich bin."

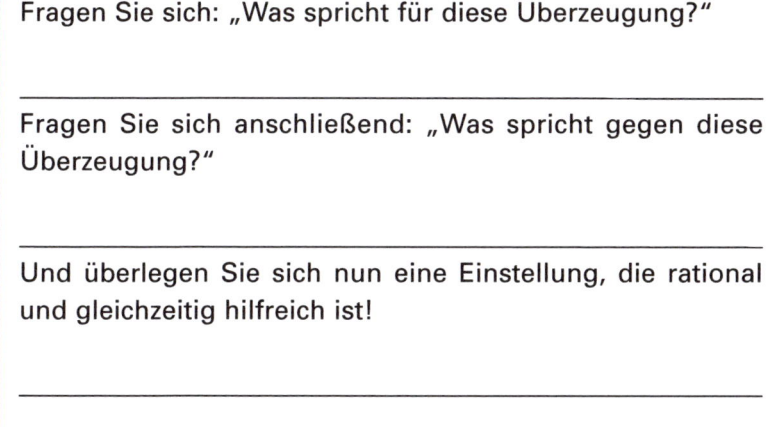

Fragen Sie sich: „Was spricht für diese Überzeugung?"

_____

Fragen Sie sich anschließend: „Was spricht gegen diese Überzeugung?"

_____

Und überlegen Sie sich nun eine Einstellung, die rational und gleichzeitig hilfreich ist!

_____

Fragen Sie sich bei Stress verstärkenden Gedanken Folgendes:
- Ist es tatsächlich so, wie ich denke?
- Habe ich alle Alternativen in Betracht gezogen?
- Wie wichtig ist diese Sache eigentlich für mich?
- Was kann im schlimmsten Fall passieren?
- Wie wahrscheinlich ist es, dass das passiert?
- Verallgemeinere ich zu sehr?
- Sehe ich nur die negativen Seiten der Situation und blende die positiven vollkommen aus?
- Habe ich schon einmal eine Situation durchgestanden, die ähnlich schwierig war?
- Gibt es etwas, an das ich jetzt denken kann, das mir Mut, Sicherheit und Kraft gibt?
- Wie werde ich wohl später über diese Situation denken?

Übung 106:

Prüfen Sie auch ehrlich, unter welchen Symptomen von Stress Sie bereits leiden!

	trifft zu
Nervosität	
Muskelverspannungen	
Zittrigkeit	
Einschlafschwierigkeiten	
innere Unruhe	
Reizbarkeit	
Konzentrationsschwierigkeiten	
Kopfschmerzen	
Migräne	
Magenbeschwerden	
Herzrasen	
Müdigkeit/Mattigkeit	
Schwindelgefühle	
Schweißausbrüche	

Sie haben eines oder mehrere Symptome angekreuzt? Sofern dafür keine körperlichen Ursachen vorliegen, die ärztlich behandelt werden müssen (das sollten Sie mit einem Arzt abklären), können Entspannungsmethoden bei allen beschriebenen Symptomen hilfreich sein. Fragen Sie Ihren Arzt vor Anwendung der jeweiligen Methode, ob bei Ihnen etwas dagegen spricht. Dies wird nur bei sehr wenigen Ausnahmen der Fall sein.

Entspannungsmethoden helfen bei negativem Stress

Im Nachfolgenden sollen nun Entspannungsmethoden vorgestellt werden, die Ihnen in Prüfungsphasen, aber auch in anderen stressigen Zeiten helfen können, besser mit Ihrer Anspannung und Angst umzugehen. Bezogen auf die Prüfungsangst sind diese Methoden allerdings auf jeden Fall nur als ein zusätzliches Mittel zur professionellen Vorbereitung anzusehen. Denn eine ausgeglichene Zeitplanung und die Anwendung von lernpsychologischen Methoden, wie sie zuvor dargestellt wurden, verbunden mit positiver Selbstbestärkung, sind unerlässlich, wenn Sie der Prüfungsangst entgegenwirken wollen.

Verspüren Sie dennoch weiterhin eine innere Unruhe, Nervosität oder auch Anspannung, können Entspannungsmethoden wie Yoga, autogenes Training oder Progressive Muskelentspannung helfen, Ihren Stress abzubauen und ruhiger zu werden.

Wie wirken Entspannungsübungen?

Das größte Problem bei Stress sind wir selbst. Unsere Sorgen und Ängste, die vielen Gedanken, die wir uns machen, und unsere Einstellung zu vielen Dingen hindern uns oft daran, entspannt und ausgeglichen zu sein.

Es gibt jedoch verschiedene Methoden, mit denen Sie Gelassenheit trainieren können. Mit Entspannungsübungen ist es möglich, die muskuläre Anspannung, die mit Ihrem Stress und Ihrer Angst verbunden ist, zu verringern bzw. abzubauen. In entspanntem Zustand aber empfindet der Mensch Angst nicht mehr so stark wie in angespanntem Zustand.

Allerdings müssen diese Übungen, um Erfolg zu zeigen, möglichst regelmäßig durchgeführt werden. Wenn Sie sich für eine der dargestellten Entspannungsmethoden entscheiden, sollten Sie überlegen, ob Sie diese nicht am besten in einem Kurs erlernen möchten. Im Folgenden werden verschiedene Entspannungsmethoden vorgestellt.

5.2 Atemtechniken

Atemübungen können dazu beitragen, sich sowohl entspannen als auch besser konzentrieren zu können. Die Atmung läuft eigentlich automatisch ab, das heißt, sie wird vom vegetativen Nervensystem gesteuert. Der Mensch kann jedoch auch bewusst und willentlich seinen Atmungsrhythmus verändern. Entspannung wird in der Atempädagogik entweder über gezielte Atemübungen oder durch das Wiederentdecken und Wiederherstellen der natürlichen Atmung erreicht.

Indem man seine eigene Atmung beobachtet, lenkt man sich von anderen Gedanken ab und verschafft Körper und Geist eine Ruhepause und damit Entspannung. Der Geist wird so ausgeglichen und klar. Die Konzentrationsfähigkeit steigt und Energie wird mobilisiert. In Stresssituationen, die zu einer schnellen und flachen Atmung führen, kann man durch gezieltes Atmen die Atmung wieder in den Griff bekommen und so ruhiger werden.

Im Folgenden finden Sie einige Atemübungen, die auf das Wiederentdecken des natürlichen Atmens abzielen, sowie einige, die durch bewusst verändertes Atmen Körper und Geist wieder beruhigen.

Zähltechnik

Schließen Sie die Augen und konzentrieren Sie sich auf Ihre Atmung. Nehmen Sie eine Zeit lang das Fließen Ihrer Atmung wahr. Beginnen Sie dann, mit dem Ausatmen rückwärts zu zäh-

len. Beginnend bei zehn zählen Sie im Kopf bei jedem Ausatmen eine Zahl weiter herunter, bis Sie schließlich bei null
ankommen.

Zentrieren

Achten Sie darauf, bequem, aber aufrecht zu sitzen. Oder legen
Sie sich bequem auf den Rücken. Richten Sie Ihre Aufmerksamkeit auf die inneren Nasenwände, dorthin, wo der Atem
entlangfließt. Atmen Sie ruhig ein und aus. Konzentrieren Sie
sich nur darauf, wie Ihr Atem kommt und geht. Wann immer
Ihre Aufmerksamkeit abschweifen will, konzentrieren Sie sich
wieder auf Ihren Atem.

Wechselseitiges Atmen / Polaritätsatmen

Diese Technik stammt aus dem Yoga. Sie fördert die Konzentration und mobilisiert Energie. Es wird abwechselnd durch ein
Nasenloch ein- und durch das andere ausgeatmet. Das andere,
jeweils nicht „gebrauchte" Nasenloch können Sie währenddessen mit dem Zeigefinger zuhalten. Lassen Sie den Atem in seinem natürlichen Rhythmus fließen und
● atmen Sie rechts ein und links aus – dreimal,
● atmen Sie links ein und rechts aus – ebenfalls dreimal,
● atmen Sie durch beide Nasenlöcher ein und aus – dreimal.
Damit diese Übung ihre Wirkung entfalten kann, müssen Sie
sie mehrmals wiederholen.

Notfallatmung / 6-3-6-Atemtechnik

Die Notfallatmung hilft dem Organismus, sich bei Aufregung
wieder zu beruhigen. Wenn Sie feststellen, dass Sie schnell und
flach atmen, dann atmen Sie sechs Zählzeiten durch die Nase
die Luft ein, halten die Luft drei Zählzeiten an und atmen die
Luft sechs Zählzeiten lang hörbar aus.

Anti-Stress-Atmung

Eine durch Stress ausgelöste schnelle und flache Brustatmung kann zur Hyperventilation führen. Dabei gerät die Balance zwischen Sauerstoff und Kohlendioxid im Blut aus dem Gleichgewicht. In der Folge können Schwindelgefühle und Herzklopfen auftreten.

Wenn Sie feststellen, dass Sie in einer Stresssituation schnell und flach atmen, dann legen Sie beide Hände gewölbt über Nase und Mund, sodass Sie beim Einatmen die eigene Ausatmungsluft einatmen. Atmen Sie zwei bis drei Minuten lang langsam in Ihre gewölbten Hände hinein, bis sich die Symptome verringern.

5.3 Autogenes Training

Bereits zu Beginn des 20. Jahrhunderts machte sich der Berliner Psychoanalytiker und Neurologe Prof. Dr. Johannes Heinrich Schultz (1884–1970) Gedanken darüber, wie der Mensch seinen gesamten Körper durch konzentrative Übungen positiv beeinflussen könne. Er entwickelte das autogene Training („autogen" bedeutet „aus sich selbst entstehend", „nicht von außen beeinflusst").

Stufenweise, also nacheinander, werden dabei sechs Übungen durchgeführt, die auch als Konzentrationsübungen zu verstehen sind. Diese haben eine positive Wirkung auf das vegetative Nervensystem. Die sonst nicht willentlich beeinflussbaren Körperfunktionen – wie Muskelanspannung und Körperwärmeempfindung – können durch diese Übungen verändert werden. Dadurch kann die Erregung herabgesetzt werden und Spannungszustände können auf diese Weise verringert werden. Das autogene Training eignet sich daher auch sehr gut bei Schlafstörungen.

Beim autogenen Training lenkt der Übende die Aufmerksamkeit auf bestimmte körperliche Bereiche und Empfindungen, z. B. auf das Gefühl der Wärme im rechten Arm. Von äußeren wie inneren Störungen abgeschirmt, stellt sich ein Gefühl der inneren Ruhe ein. Gleichzeitig gibt der Übende sich selbst (autosuggestiv) Leitsätze vor, wie beispielsweise: „Ich bin ganz ruhig und gelassen."

Nach Schultz hat die konzentrative Selbstentspannung des autogenen Trainings den Sinn, dass man sich bei der Durchführung der genau vorgeschriebenen Übungen innerlich immer mehr löst und so für den ganzen Organismus eine von innen kommende Umschaltung erreicht. Mithilfe des autogenen Trainings wird das Gesunde gestärkt und das Ungesunde verringert beziehungsweise ausgeschaltet.

Äußere Voraussetzungen

Wenn Sie die Übungen durchführen wollen, sollten Sie grundsätzlich die folgenden Punkte beachten, um einen Übungserfolg zu erzielen:
- Schließen Sie Störungen durch andere aus.
- Sagen Sie Ihrer Familie Bescheid, dass Sie 20 Minuten Zeit und Ruhe für sich selbst brauchen.
- Eventuell (wenn möglich) sollten Türklingel und Telefon/Handy abgeschaltet oder leiser gestellt werden.

Tipp

Ziehen Sie sich in einen Raum zurück, der eine für Sie angenehme Temperatur hat, und dunkeln Sie ihn eventuell ab. Sie benötigen keine spezielle Kleidung, allerdings sollten Sie keine Schuhe tragen und die Kleidung sollte locker sitzen und sie nicht einengen. Sie sollten darin weder frieren noch schwitzen.

Legen Sie sich entspannt auf eine bequeme Unterlage. Wenn Sie möchten, können Sie ein Kissen unter den Kopf legen. Lassen Sie sich ein bis zwei Minuten Zeit, um sich einzustimmen, schicken Sie störende Gedanken durch eine „geistige Tür" hinaus.

Übungsvorschläge

Die folgenden sechs Übungen stellen die Grundstufe des autogenen Trainings dar. Jede einzelne Übung sollte etwa drei bis vier Minuten in Anspruch nehmen, insgesamt üben Sie später etwa 20 Minuten. Zu Anfang jedoch sollten Sie immer nur eine Übung machen, also nur ein paar Minuten trainieren. Achten Sie darauf, die Anweisungen so exakt wie möglich auszuführen. Damit erhöhen Sie Ihre Chance auf einen optimalen Entspannungszustand und bekommen das richtige Gefühl für das autogene Training.

1. Die Schwere-Übung
Mein rechter Arm ist schwer.
Beide Arme sind schwer.
Meine Arme und Beine sind schwer.
Mein Körper ist angenehm schwer.

2. Die Wärme-Übung
Mein rechter Arm ist warm.
Beide Arme sind warm.
Meine Arme und Beine sind warm.
Mein Körper ist angenehm warm.

3. Die Atem-Übung
Meine Atmung ist ruhig und regelmäßig.

4. Die Herz-Übung
Mein Herz schlägt ruhig und regelmäßig.

5. Die Sonnengeflecht*-Übung
Sonnengeflecht – strömend warm.
Oder:
Mein Leib ist angenehm warm und entspannt.

6. Die Stirnkühle-Übung
Meine Stirn ist angenehm kühl.

*Sonnengeflecht
Das Sonnengeflecht, auch Solarplexus genannt, besteht aus einem etwa handtellergroßen Nervengeflecht. Dieses liegt etwa drei Zentimeter oberhalb des Bauchnabels in der Körpermitte. Es ist der eigentliche Körpermittelpunkt.

Tipp
Sagen Sie sich die Gedankenformel bei jeder Übung mit geschlossenen Augen mehrmals vor. Erst, nachdem Sie eine körperliche Veränderung gespürt haben, gehen Sie weiter zur nächsten Übung.

Die Zahl der hintereinander durchgeführten Übungen sollten Sie langsam steigern. Üben Sie zunächst die erste Übung so lange, bis sie wirklich funktioniert, bis sie tatsächlich Entspannung spüren. Dann erst nehmen Sie die nächste Übung hinzu.

Die Rücknahme
Jede Entspannungsphase wird mit der sogenannten Rücknahme beendet. Diese ist notwendig, weil der durch das autogene Training erreichte Entspannungszustand ein Zustand ist, der sich mit dem Schlaf vergleichen lässt.

Die Rücknahme sieht folgendermaßen aus: Hände zur Faust ballen und die Arme für einige Sekunden fest anspannen. Dann einmal tief Luft holen. Danach öffnen Sie die Augen wieder. Die Rücknahme ist besonders bei Menschen, die einen niedrigen Blutdruck haben, wichtig. Wenn die Rücknahme nicht richtig durchgeführt wird, könnte dies zu Schwindel führen.

Konsequent üben

Wenn Sie wirklich regelmäßig einmal am Tag üben, dürften Sie nach einigen Wochen Erfolge erzielen. Sie müssen aber wirklich dranbleiben.

Sie können in einer Stressphase mit diesen Übungen beginnen, aber bedenken Sie dabei, dass Ihnen gerade in einer schwierigen Zeit die Entspannung vermutlich besonders schwerfällt. Sie dürfen also nicht zu viel von sich erwarten. Idealerweise beginnt die Lernphase nicht in einer Krisenzeit. Für die Lernphase des autogenen Trainings sind etwa drei Monate anzusetzen. Danach können Sie nahezu automatisch mit Beginn der Übungen entspannen.

Wirksamkeit des autogenen Trainings

Die Wirksamkeit des autogenen Trainings wurde immer wieder durch zahlreiche wissenschaftliche Untersuchungen nachgewiesen. Es kann sich positiv auswirken:
- auf die Fähigkeit zur Entspannung,
- auf die Fähigkeit zur Konzentration,
- beim Abbau von Ängsten,
- bei psychosomatischen Störungen.

5.4 Progressive Muskelentspannung

Die Methode der Progressiven Muskelentspannung (fortschreitende Muskelentspannung) entstand in den 30er-Jahren des vergangenen Jahrhunderts. Sie wurde von dem amerikanischen Physiologen Edmund Jacobson (1885–1976) entwickelt und ist daher auch unter dem Namen Jacobson-Training bekannt.

Anstieg der Muskelspannung

Eine Folge der Reaktion auf Stress und Angst ist der Anstieg der Muskelspannung. Die Methode der Progressiven Muskelentspannung geht daher im Umkehrschluss davon aus, dass man durch die Entspannung der Muskulatur dem Stress und der Angst entgegenwirken kann. Bei intensiver Entspannung der Muskeln, so fand Jacobson heraus, wird auch die Atmung regelmäßiger, die Herzfrequenz nimmt ab und die Verdauung nimmt zu. Es werden also gleichzeitig auch andere Symptome, die mit der Angst einhergehen, reduziert.

Diese Methode funktioniert folgendermaßen: Zunächst werden verschiedene Muskelgruppen stark angespannt, anschließend werden diese wieder locker gelassen. Die Konzentration wird auf den Übergang von Anspannung zu Entspannung gerichtet. Man versucht also, den Unterschied zwischen Anspannung und Entspannung zu fühlen. Durch den Kontrast zwischen beiden Empfindungen wird die Entspannung besonders leicht spürbar. Viele Menschen empfinden daher bei dieser Methode die Entspannung besonders intensiv.

Weitere Ziele der Progressiven Muskelentspannung

Ziel des Trainings ist es auch, die Wahrnehmung für die Anspannung unserer Muskulatur zu schärfen. Meistens halten wir nämlich wesentlich mehr Muskeln angespannt, als eigentlich notwendig wäre. Sie können dies testen, indem Sie prüfen, wie viele Muskeln Sie im Moment (vermutlich beim Sitzen) anspannen. Anschließend lockern Sie möglichst viele dieser Muskeln und halten nur noch diejenigen angespannt, die Sie brauchen, um nicht vom Stuhl zu fallen. Es sind sehr wenige im Vergleich zu vorher!

So wie in dieser Situation sind wir auch in anderen Situationen häufig angespannter, als nötig wäre. Wir stehen oft unter höchster Anspannung. Mit der Progressiven Muskelentspannung können Sie lernen, leichter zu entspannen. Sie hilft dabei, sich sowohl nach als auch in stressigen Situationen zu entspannen. Durch körperliche An- und dann Entspannung wird ein innerer Ruhe- und Entspannungszustand erzielt.

Die Methode der Progressiven Muskelentspannung lässt sich relativ leicht und schnell erlernen. Sie können sie sowohl allein als auch in einer Gruppe mit anderen gemeinsam durchführen.

Übungen aus der Progressiven Muskelentspannung

Es gibt bei der Progressiven Muskelentspannung sowohl längere als auch kürzere Übungsformen. Wir stellen im Folgenden drei verschiedene Formen vor.

Setzen Sie sich bequem auf einen Stuhl. Legen Sie Ihre Brille ab, sollten sie eine aufhaben. Sollten Sie eine enge Hose tragen, öffnen Sie den Knopf, sodass Sie nicht eingeengt werden. Schließen Sie die Augen. Sollten Sie dies nicht gut können, fixieren Sie einen Punkt – beispielsweise auf dem Fußboden.

Rechtshänder beginnen mit dem rechten Arm, Linkshänder mit dem linken Arm. Spannen Sie die Muskeln nur so weit an, dass Sie keine Schmerzen empfinden. Die jeweiligen Muskelgruppen werden nacheinander für etwa fünf bis zehn Sekunden angespannt und dann für etwa 30 Sekunden losgelassen. Sie sollten sich sowohl auf das Gefühl der Anspannung konzentrieren und es genau wahrnehmen, als auch intensiv dem Gefühl der Entspannung nachspüren.

Anspannen von vier Muskelgruppen
1. Spannen Sie die Muskeln beider Arme an. Und lassen Sie wieder los.
2. Spannen Sie die Muskeln Ihres Gesichts an, indem Sie die Stirn runzeln, die Nase rümpfen, die Augen zukneifen und den Mund wie zu einem breiten Grinsen auseinanderziehen. Senken Sie nun den Kopf in Richtung Brust, sodass Sie Spannung im Nacken verspüren. Lassen Sie anschließend wieder los.
3. Ziehen Sie die Schultern nach oben und spannen Sie die Bauch- und Rückenmuskeln an. Lassen Sie wieder locker.
4. Spannen Sie gleichzeitig beide Beine an, indem Sie die Beine etwas anheben und die Fußspitzen anziehen. Lassen Sie wieder los.

Anspannen von sieben Muskelgruppen
1. Spannen Sie die Muskeln Ihres dominanten Arms an, indem Sie die Faust ballen, den Ellbogen anwinkeln und den Bizeps anspannen. Lassen Sie wieder los.
2. Spannen Sie die Muskeln Ihres nicht dominanten Arms an. Lassen Sie wieder los.
3. Spannen Sie das Gesicht an, indem Sie die Augenbrauen hochziehen oder die Stirn runzeln, die Augen zukneifen, die Nase rümpfen und den Mund zu einem breiten Grinsen auseinanderziehen. Lassen Sie wieder los.
4. Ziehen Sie das Kinn in Richtung Ihrer Brust. Lassen Sie anschließend wieder los.
5. Ziehen Sie mit dem Einatmen die Schultern nach oben, drücken Sie die Schulterblätter hinter dem Rücken zusammen und spannen Sie die Bauchmuskeln an. Lassen Sie mit dem Ausatmen wieder los.
6. Heben Sie das dominante Bein an oder strecken Sie es durch und ziehen Sie den Fuß nach oben. Lassen Sie wieder los.
7. Heben Sie das andere Bein an oder strecken Sie es durch und ziehen Sie den Fuß nach oben. Lassen Sie wieder los.

Anspannen von 16 Muskelgruppen

1. Spannen Sie die dominante Hand- und Unterarmmuskulatur (Rechtshänder rechts – Linkshänder links) an, indem Sie die Hand zur Faust ballen. Lassen Sie wieder los.

2. Spannen Sie die Oberarmmuskulatur Ihres dominanten Armes an, indem Sie den Ellbogen anwinkeln und den Bizeps anspannen. Lassen Sie Ihre Hand dabei offen und locker. Lassen Sie wieder los.

3. Spannen Sie die nicht dominante Hand- und Unterarmmuskulatur an. Lassen Sie wieder los.

4. Spannen Sie die nicht dominante Oberarmmuskulatur an. Lassen Sie wieder los.

5. Spannen Sie die Muskeln der Stirn an, indem Sie entweder die Augenbrauen hochziehen oder die Stirn runzeln. Lassen Sie wieder los.

6. Spannen Sie die Muskeln der mittleren Gesichtspartie an, indem Sie die Augen zukneifen und die Nase rümpfen. Lassen Sie wieder los.

7. Spannen Sie die Muskeln der unteren Gesichtspartie an, indem Sie den Mund zu einem breiten Grinsen ziehen. Lassen Sie wieder los.

8. Spannen Sie die Nackenmuskulatur an, indem Sie das Kinn in Richtung Brust ziehen, diese jedoch nicht berühren. Lassen Sie wieder los.

9. Spannen Sie sowohl Brust- und Schulter- als auch Rückenmuskeln an, indem Sie beim Einatmen die Schultern nach oben ziehen und die Schulterblätter hinter dem Rücken zusammendrücken. Lassen Sie beim Ausatmen wieder los.

10. Spannen Sie alle Muskeln Ihrer Bauchmuskulatur an. Lassen Sie wieder los.

11. Spannen Sie die Oberschenkelmuskulatur Ihres dominanten Beines an (das Bein, mit dem Sie loslaufen), indem Sie das Bein anheben oder durchstrecken. Lassen Sie wieder los.

12. Spannen Sie die Unterschenkelmuskulatur des dominanten Beines an, indem Sie den Fuß nach oben ziehen. Lassen Sie wieder los.

13. Spannen Sie die Fußmuskulatur des dominanten Beines an, indem Sie den Fuß nach innen drehen und die Zehen beugen (als ob Sie einen kleinen Ball greifen wollten). Vorsicht! Hier neigen viele zu Krämpfen. Lassen Sie wieder los.

14. Spannen Sie die Oberschenkelmuskulatur des anderen Beines an. Lassen Sie wieder los.

15. Spannen Sie die Unterschenkelmuskulatur des anderen Beines an. Lassen Sie wieder los.

16. Spannen Sie die Fußmuskulatur des anderen Beines an. Lassen Sie wieder los.

Vergessen Sie auch bei diesen Übungen nicht die Rücknahme: Recken und strecken Sie sich, bewegen Sie Ihren Kopf vorsichtig hin und her, atmen Sie einige Male tief ein und aus und öffnen Sie zuletzt die Augen.

Auch für diese Art der Entspannung gilt, dass Sie sie am besten erlernen, bevor Sie sich aktuell in einer schwierigen Situation befinden, also z. B. einige Wochen vor einer Prüfung. Dann haben Sie ausreichend Zeit, zu üben, und können die Methode zum richtigen Zeitpunkt gekonnt einsetzen. Befinden Sie sich bereits in einer schwierigen Situation, können Sie natürlich dennoch damit beginnen. Sie dürfen von sich jedoch nicht zu viel in zu kurzer Zeit verlangen.

Übungsprotokoll führen

Idealerweise führen Sie die Übungen zweimal am Tag durch. Protokollieren Sie Ihre Übungen, indem Sie in einer Tabelle wie der folgenden Datum, Uhrzeit und Dauer der Übung sowie die Empfindungen während des Übens eintragen. Tragen Sie ebenfalls Schwierigkeiten und Störungen ein.

So erhalten Sie einen Überblick darüber, welche Übungen Ihnen besonders guttun und welche Dinge Sie besonders stören und am Entspannen hindern. Sie sehen auf einen Blick, welche Einflüsse Ihrer Umgebung Sie möglichst schnell ausschalten sollten.

Übungsprotokoll Progressive Muskelentspannung

Datum, Uhrzeit, Dauer	Übung	Empfindungen	Schwierigkeiten, Störungen

Entspannungssignal

Sie können die Progressive Muskelentspannung um die Benutzung eines Entspannungssignals erweitern. Wenn Sie also nach der Anspannung wieder entspannen, geben Sie sich dabei ein bestimmtes Entspannungssignal.

Dabei handelt es sich um ein Wort, das für Sie positiv besetzt ist. Beispiele wären die Wörter *Urlaub, Meer, Ruhe* etc. Dabei macht man sich Erkenntnisse der Lerntheorie zunutze, wonach ein bestimmter Reiz (in diesem Fall ein bestimmtes, positiv besetztes Wort) eine bestimmte körperliche Reaktion (hier: Entspannung) auslösen kann.

Eine entsprechende Formulierung wäre: Spannen Sie jetzt die rechte Hand an, geben Sie sich Ihr Entspannungssignal, indem Sie sich z. B. *Sonne* sagen und lassen Sie wieder los.

Die Wirkung von Entspannungssignalen

Wenn die muskuläre Entspannung an ein Signal gekoppelt wird, führt das (regelmäßig angewendet) dazu, dass Sie später die tatsächliche muskuläre Entspannung immer mehr durch das Entspannungssignal ersetzen können und die Entspannung rein durch Konzentration (auf Ihr Entspannungssignal) erzeugt wird. Das Entspannungssignal wird so zum Auslöser körperlicher und seelischer Entspannung. Das Entspannungssignal kann neben einem Wort auch eine bildhafte Vorstellung sein; stellen Sie sich z. B. Ihren Lieblingsstrand vor.

Praktisch an dieser Technik ist, dass sie in schwierigen Situationen (in Gesellschaft) noch einfacher durchgeführt werden kann als das Muskeltraining. Insgesamt gilt aber auch für die Grundform der Progressiven Muskelentspannung (auch im Vergleich zum autogenen Training): Die Progressive Muskelentspannung kann in realen Belastungssituationen relativ leicht eingesetzt werden.

Denken Sie an eine Prüfungssituation: Sie sitzen an einem Tisch und müssen eine Klausur schreiben. Sie sind sehr angespannt und aufgeregt. Beispiele für Muskeln, die Sie anspannen können, sind:

- Fußmuskulatur
- Unterschenkelmuskulatur
- Oberschenkelmuskulatur
- gesamte Fuß- und Beinmuskulatur
- Bauchmuskeln

Lassen Sie anschließend mit Ihrem Entspannungssignal wieder los.

Atemtechnik und Progressive Muskelentspannung

Mit der gleichzeitigen Anwendung der Atemtechnik können Sie die Methode weiter verfeinern. Beim Anspannen der Muskulatur atmen Sie tief ein, halten die Luft kurz an und beim Loslassen atmen Sie tief und lang aus.

Beim Einatmen führt der Mensch dem Körper Sauerstoff und Energie zu, beim Ausatmen nimmt die Aktivität dann wieder ab. Diesen Effekt nutzt die Atemtherapie, um den Organismus ruhiger werden zu lassen. Auch die Verbindung der Atemtechnik mit der Muskelentspannung soll – wie bei der Gewöhnung an ein Entspannungssignal – dazu führen, dass Sie später Entspannung erreichen können, ohne dazu zunächst körperlich Ihre Muskeln anspannen zu müssen. Im Idealfall können Sie dann durch gezieltes Atmen und kraft Ihres Entspannungssignals entspannen. Allerdings ist dies der Idealfall und in der Regel erst nach intensivem Üben möglich.

Beispielsituationen

Beim Zahnarzt: Sie haben Angst vor dem Besuch und befinden sich im Wartezimmer oder bereits im Zahnarztstuhl, in dem Sie auf den Zahnarzt warten. Spannen Sie Füße, Unterschenkel und Oberschenkel an, indem Sie diese gegen den Stuhl drücken. Ziehen Sie die Zehen zum Körper hin. Spannen Sie die Hände an, indem Sie diese zur Faust ballen. Drücken Sie die Arme fest auf die Armlehne. Drücken Sie den Kopf an die Kopflehne. Anschließend lassen Sie die jeweiligen Muskeln locker, geben sich gleichzeitig Ihr Signal – und entspannen.

Situationen, in denen Sie solche Techniken gut gebrauchen können, kommen meist nicht plötzlich, sondern sind im Vorhinein abzusehen. So verhält es sich bei einer Prüfung, sei es die Prüfung in der Schule/Ausbildung/Universität oder auch die Führerscheinprüfung. Auch vor einem Vorstellungsgespräch kann die Entspannungstechnik eingesetzt werden.

Entspannungsplan

Wenn Sie bereits etwas geübt in der Methode der Progressiven Muskelentspannung sind, sollten Sie im Hinblick auf die bevorstehende Stresssituation und Ihren Umgang damit einen Plan erstellen. Auf diese Art gehen Sie gut vorbereitet in die Situation, denn Sie wissen, wie Sie mit eventuell auftretender Aufregung umgehen können.

Übung 107:

Füllen Sie den unten stehenden Plan aus und versuchen Sie, Ihr Entspannungstraining danach auszurichten!

Situation: _____

Zeit: _____

Ort: _____

Welche Muskelgruppen könnten angespannt werden?

_____

_____

Besteht die Möglichkeit, vor der Stresssituation, während des Wartens etc. zu üben?

_____

_____

Lernfördernde Wirkung

Die Methode eignet sich nicht nur, um Stress in oder nach schwierigen Situationen abzubauen. Sie ist auch gut geeignet, um ein besseres Lernen zu fördern. Gedächtnisinhalte werden, wie Sie bereits wissen, besser behalten, wenn sie mit positiven Emotionen verknüpft sind. Da durch die Entspannung ein positives Gefühl erzeugt wird, können Entspannungsübungen zu einem besseren Lernen beitragen. Führen Sie daher nach Möglichkeit am besten eine Entspannungsübung vor und nach dem Lernen durch.

5.5 Yoga

Eine gute Methode, sich körperlich und geistig zu entspannen, ist das Yoga. Bei dieser Technik, die aus der indischen Kultur stammt, werden bestimmte Übungen ausgeführt, die innere Verkrampfungen lösen sollen. Es werden verschiedene Körperstellungen (Asanas) und Atemübungen (Pranayama) ausgeführt. Die Konzentration wird jeweils auf die richtige Abfolge der Bewegungen und auf die Atmung gelenkt. Yoga kann bei vielen körperlichen Beschwerden helfen und zu einem inneren Gleichgewicht beitragen.

Die philosophischen und religiösen Hintergründe des Yoga ausführlich zu erläutern, würde an dieser Stelle zu weit führen. Ganz kurz daher hier nur folgende Erklärung: Das Wort „Yoga" kommt aus dem Sanskrit, übersetzt bedeutet es „anbinden", „zusammenbinden", „anspannen" oder „vereinigen". Körper, Geist und Seele sollen beim Yoga zu einem harmonischen Ganzen verschmelzen. Bis zur völligen Aufgabe aller irdischen und menschlichen Bedürfnisse geht dabei der indische Yogi. Er strebt die Verschmelzung mit der göttlichen Weltseele an. Diese Verschmelzung wird in der achten und letzten Stufe des Yoga erreicht.

Asana

Asana (oder die Zucht des Körpers) ist die dritte Stufe des Yoga. Der Körper als Sitz der Seele soll diszipliniert und dem Willen unterworfen werden. Durch gezielte Bewegungen werden dabei Muskeln, Drüsen und Nerven beeinflusst und der Körper wird harmonisiert.

Pranayama

Pranayama stellt die vierte Stufe des Yoga dar, die das Atmen als Quelle des Lebens begreift. Allein durch richtiges Atmen können wir dem Stress entgegenwirken.

Hatha-Yoga

Das von den Europäern meist ausgeübte Yoga ist das Hatha-Yoga, das körperliche Yoga. Die oberen Stufen des Yoga, die zunehmend geistiger werden (u. a. Meditation), sind äußerst schwer zu erreichen.

Yoga lernen Sie am besten unter Anleitung eines erfahrenen Yoga-Lehrers. Die nachfolgenden Übungen geben Ihnen einen ersten Einblick in die Methode.

Die Vollentspannung

Dabei handelt es sich um eine Übung, die täglich ausgeführt werden sollte. Sie heißt „Savasana", was mit „Totenlage" übersetzt werden kann. Bei der Vollentspannung liegen Sie auf einer warmen Decke auf dem Boden. Sie liegen auf dem Rücken, die Füße sind leicht gegrätscht, wobei die Zehen locker nach außen fallen. Die Arme liegen neben dem Körper, die Augen sind geschlossen.

Entspannen Sie nun den ganzen Körper von unten nach oben vollständig. Das lässt sich erreichen, indem Sie die Muskeln der verschiedenen Körperglieder von unten nach oben „durchspüren" und prüfen, ob sie entspannt auf dem Boden abgelegt sind.

Die Yoga-Atmung

Die Yoga-Atmung kann im Liegen, Sitzen oder Stehen geübt werden, dabei ist immer auf einen gerade aufgerichteten Rücken zu achten. Die einzelnen Phasen der Atmung werden mithilfe der Hände gelernt, die den Bauch oder die Rippen nach innen drücken. Später wird ohne die Hilfe der Hände geatmet.

Bauchatmung

Legen Sie die Hände auf den Bauch und drücken Sie beim Ausatmen die Bauchdecke nach innen. Atmen Sie mit stark zurückgezogener Bauchwand aus. Lassen Sie beim Einatmen den Bauch locker und füllen Sie den unteren Teil der Lunge mit Luft. Der Brustkorb bleibt unbewegt. Konzentrieren Sie sich dabei auf die Nabelgegend. Die Wirkung ist:

- Entlastung des Herzens
- Verminderung des Bluthochdrucks
- Beruhigung des vegetativen Nervensystems

Mittlere Atmung: Brustatmung

Legen Sie die Hände auf die Rippen, mit den Fingerspitzen nach vorn. Ziehen Sie beim Ausatmen die Rippen zusammen, drücken Sie die Hände dabei nach innen. Dehnen Sie beim Einatmen die Rippen weit zur Seite und nach hinten. Konzentrieren Sie sich dabei auf den Rippenbereich und den mittleren Teil der Lunge. Die Wirkung ist:

- Stärkung aller Rippenmuskeln
- Vergrößerung der Lungenkapazität

Obere Atmung: Lungenspitzenatmung

Legen Sie die Hände auf die Brust, mit den Fingerspitzen auf dem Schlüsselbein. Atmen Sie nach der Ausatmung nur wenig im oberen Teil der Lunge ein. Nur das Schlüsselbein und der Brustmuskel heben sich ein wenig an. Die Schultern bleiben dabei unbewegt. Konzentrieren Sie sich hierbei auf die Lungenspitzen. Die Wirkung ist eine kräftige Durchlüftung der Lungenspitzen.

Vollständige Yoga-Atmung

Die vollständige Yoga-Atmung ist eine Verbindung von der Bauchatmung mit der mittleren und oberen Atmung. Dabei füllt sich die Lunge in einem einzigen rhythmischen Atemzug von unten nach oben. Gleichermaßen wird ausgeatmet. Zuerst wird der Bauch flach, die Rippen lockern sich, das Schlüsselbein senkt sich.

Wichtig ist dabei, dass der Brustkorb nicht so mit Luft vollgepumpt wird, dass Druck entsteht. Die Lunge sollte zu etwa 80 Prozent mit Luft gefüllt sein. Der Atmungsvorgang bei der vollständigen Yoga-Atmung ist wie eine Welle: Gleichmäßig wird ein- und ausgeatmet, langsam, leise, leicht und locker. Die Konzentration wird dabei auf die Wellenbewegung der Atmung im Körper gerichtet. Durch die vollständige Yoga-Atmung wird der ganze Körper gut mit Sauerstoff versorgt. Sie hat einen positiven Einfluss auf die Herztätigkeit und beruhigt das ganze Nervensystem.

Gleichgewichtsübungen im Yoga

Die nachfolgenden Übungen sollen Ihnen helfen, zu mehr Ruhe und Gelassenheit und zu einem inneren Gleichgewicht zu finden. Jede Übung wird einmal rechts und einmal links ausgeführt.

Übung 1

Sie stehen auf dem linken Bein und ziehen das im Knie abgewinkelte rechte Bein herauf. Die linke Hand greift den rechten

Fuß. Sie strecken das rechte Bein ganz durch, ziehen es langsam wieder heran und setzen es ab. Der rechte Arm kann währenddessen als eine Art Balancierstab dienen. Dasselbe machen Sie anschließend mit der anderen Seite. Die Übung kann abgewandelt werden, indem Sie mit der rechten Hand den rechten Fuß ergreifen beziehungsweise mit der linken Hand den linken Fuß.

Übung 2

Sie stehen auf dem linken Bein, das rechte ziehen Sie herauf, das Knie ist dabei abgewinkelt. Nun umgreifen Sie das Knie mit beiden Händen und ziehen es weit hoch. Senken Sie nun langsam den Kopf, bis Sie mit der Nasenspitze das Knie berühren. Richten Sie den Kopf langsam wieder auf und setzen Sie das Bein zurück. Dasselbe machen Sie mit dem anderen Bein.

Übung 3

Der Baum: Stellen Sie sich an eine Wand, an der Sie sich mit einer Hand abstützen können, und bleiben Sie erst einmal ganz ruhig stehen. Suchen Sie sich einen Punkt in Augenhöhe und konzentrieren Sie sich auf diesen. Halten Sie sich leicht mit einer Hand an der Wand fest, heben Sie einen Fuß langsam vom Boden ab und stellen Sie ihn seitlich gegen den anderen Oberschenkel. Wenn Sie merken, dass Sie sicher stehen und nicht mehr wackeln, nehmen Sie langsam die Hand von der Wand und legen die Hände über dem Kopf zusammen. Dabei atmen Sie in den Bauch. Versuchen Sie, so lange wie möglich stehen zu bleiben. Führen Sie die Übung anschließend mit dem anderen Bein aus.

Sie werden merken, dass es täglich besser gehen wird und Sie schließlich, stark wie ein Baum, stehen können. Stellen Sie sich anschließend gerade hin, schließen Sie die Augen und gehen Sie die Übung noch einmal in Gedanken durch.

Übung 4
Sie stehen auf dem linken Fuß. Die Fußsohle wird fest auf den
Boden gepresst, das ganze Gewicht lastet auf diesem Stand-
bein. Stellen Sie nun den rechten Fuß leicht auf den anderen,
Zehenspitzen auf Zehenspitzen. Richten Sie sich gerade auf
und suchen Sie sich einen Punkt auf dem Boden, den Sie fest
im Blick halten. Nun senken Sie langsam die Augenlider, bis
Ihre Augen geschlossen sind. Diese Übung erfordert große
Ruhe und Konzentration und hilft Ihnen dabei, diese wiederzu-
erlangen.

5.6 Entspannung durch Sport

Eine gute Methode, Anspannung und Stress abzubauen, ist es,
Sport zu treiben oder sich auch anderweitig körperlich anzu-
strengen. Die körperliche Betätigung führt dazu, dass Stresshormone (Adrenalin) abgebaut werden und dass sogenannte
Glückshormone (Endorphine) ausgeschüttet werden. Endorphine lösen Ängste, wirken beruhigend und versetzen uns in
eine glückliche Stimmung. Der Sport bewirkt, dass sich sowohl
der Körper als auch der Geist entspannen können.

Dieser Effekt ist ebenfalls zu erreichen, wenn Sie körperlich
arbeiten, also z. B. den Rasen mähen oder andere Arbeiten im
Garten ausführen, vorausgesetzt natürlich, dass Ihnen diese
Tätigkeiten Spaß machen.

Am gesündesten ist es jedoch, wenn Sie tatsächlich Sport treiben, und das am besten regelmäßig. Sie können so die Energiereserven, die Ihnen Ihr Körper in einer Stresssituation bereit-
stellt, um Ihnen (wie beschrieben) die Flucht zu ermöglichen,
positiv nutzen. Sie bauen zum einen den Stress ab und tun sich
damit erst einmal etwas Gutes. Doppelt gut ist es natürlich
insofern, als regelmäßig betriebener Sport insgesamt Ihre
Gesundheit fördert.

Sollten Sie schon länger keinen Sport mehr getrieben haben, überlegen Sie doch einfach einmal, was Sie früher gerne gemacht haben. Da ist gewiss die eine oder andere Sportart, die Ihnen liegen würde. In Sportvereinen können Sie die verschiedensten Angebote finden.

Bei vielen Sportarten – insbesondere bei denen, die im Team ausgeführt werden – kommt als weitere positive Begleiterscheinung dazu, dass Sie soziale Kontakte knüpfen können. Gemeinsam Sport zu treiben, macht Spaß.

Eine Sportart, die Sie sowohl allein als auch in der Gruppe ausüben können, ist das Joggen, das auch als Laufen bezeichnet wird. Wenn Sie regelmäßig joggen, können Sie sozusagen dem Stress davonlaufen und Ihren Alltag hinter sich lassen. Laufen hat erwiesenermaßen einen positiven Einfluss auf den Körper und die Psyche. Es hilft, das Gewicht zu reduzieren, beugt Herz-Kreislauf-Erkrankungen vor und senkt den Blutdruck. Aber das Laufen bewirkt noch mehr. Bei Stresssymptomen, wie Kopf- und Rückenschmerzen, aber auch bei Schlafstörungen ist das Laufen sehr hilfreich. Und sogar bei Depressionen, Ängsten und Süchten kann das Laufen helfen, wie durch Untersuchungen belegt wurde.

Die Lauftherapie

Seit den 1970er-Jahren gibt es die Lauftherapie, die sich mit den positiven Auswirkungen des Laufens beschäftigt und Laufen als therapeutisches Mittel einsetzt. In Stresssituationen, wie beispielsweise einer Prüfungssituation, können Sie durch das Laufen sehr gut Ihren Stress abbauen. Auch bei Prüfungsangst sind positive Effekte zu erwarten. Sie können das Laufen relativ schnell erlernen. Mit einem Trainingsplan, wie er hier vorgestellt wird, ist es möglich, innerhalb von drei Monaten 30 Minuten an einem Stück zu laufen.

Laufen tut gut
Die ersten Male ist es gewiss noch etwas anstrengend, doch auch schon am Anfang stellt sich nach „getaner Arbeit" eine Art Zufriedenheit ein. Sie fühlen sich zwar etwas erschöpft, aber auch zufrieden, dass Sie es geschafft haben. Waren Sie zuvor gestresst, so sind Sie nach dem Lauftraining wesentlich entspannter.

Bei regelmäßigem Training erlangen Sie nach und nach immer mehr Erfolgserlebnisse, denn Sie werden relativ schnell Ihre Kondition verbessern und immer länger laufen können. Mit der wachsenden Kondition wird auch das Selbstbewusstsein steigen. Denn Sie werden jedes Mal stolz auf sich sein können, dass Sie das jeweils gesetzte Ziel auch erreicht haben. Nach drei Monaten können Sie dann ungefähr 30 Minuten ohne Pause laufen, das entspricht ungefähr (je nach Lauftempo) vier bis fünf Kilometern.

Das Laufen trägt einerseits zu einem größeren Selbstbewusstsein bei, gleichzeitig werden Sie auch leichter entspannen können und gelassener werden. Nach einem Lauf, der dann mit der Zeit auch auf eine Stunde oder möglicherweise sogar noch mehr gesteigert werden kann, fühlt man sich einfach gut und stark. Selbstzweifel und Ängste nehmen ab. Das Wissen, etwas leisten zu können, überträgt sich auch auf andere Bereiche. Gerade vor einem Prüfungstermin oder auch einem Vorstellungsgespräch bietet es sich an, eine Runde zu laufen – allerdings nur so lange, dass Sie nicht körperlich erschöpft sind.

Mit dem Laufen verbessert sich außerdem auch das Körpergefühl, Sie fühlen sich fit und schön. Voraussetzung dafür, dieses Ziel und die damit verbundenen positiven Effekte auch zu erreichen, ist natürlich, dass Sie wirklich regelmäßig trainieren – das bedeutet, zwei- bis dreimal pro Woche.

Trainingsplan für Anfänger

1. Woche:	1 Minute laufen – 1 Minute gehen (7-mal)
2. Woche:	2 Minuten laufen – 1 Minute gehen (5-mal)
3. Woche:	3 Minuten laufen – 1 Minute gehen (4-mal)
4. Woche:	4 Minuten laufen – 1 Minute gehen (3-mal)
5. Woche:	5 Minuten laufen – 1 Minute gehen (3-mal)
6. Woche:	6 Minuten laufen – 1 Minute gehen (3-mal)
7. Woche:	8 Minuten laufen – 1 Minute gehen (2-mal)
8. Woche:	10 Minuten laufen – 1 Minute gehen (2-mal)
9. Woche:	12 Minuten laufen – 1 Minute gehen (2-mal)
10. Woche:	15 Minuten laufen – 1 Minute gehen (2-mal)
11. Woche:	17 Minuten laufen – 1 Minute gehen (2-mal)
12. Woche:	30 Minuten laufen! (1-mal)

Regelmäßiges Training ist alles
Trainieren Sie zwei- bis dreimal wöchentlich. Laufen Sie sehr langsam und denken Sie daran, dass Sie Anfänger sind – auf keinen Fall sollten Sie sich überfordern. Das kann auch schon einmal heißen, dass Sie zwei Minuten statt einer gehen müssen. Wenn Sie bereits sportlich relativ fit sind, können Sie z. B. mit fünf Minuten laufen anfangen.

Sollten Sie sich entscheiden, dabeizubleiben, brauchen Sie auf jeden Fall gute Laufschuhe. Lassen Sie sich in einem Sportgeschäft beraten. Sie können im Prinzip bei jedem Wetter laufen. Regen sollte Sie z. B. nicht davon abhalten. Nicht laufen sollten Sie bei großer Hitze und bei Schnee- und Eisglätte. Bei Letzterer ist die Verletzungsgefahr einfach zu groß.

Ein wesentlicher positiver Effekt beim Laufen ist das Naturerleben. Wenn Sie im Wald laufen, wirkt schon die Umgebung mit ihren typischen Geräuschen und Farben beruhigend.

Wenn Sie sich in einer Prüfungsphase oder in einer anderen lernintensiven Phase befinden, empfiehlt es sich, nach dem letzten Lerndurchgang, z. B. am frühen Abend (möglichst nicht in der Dunkelheit), zu laufen. Damit lassen Sie den Stress einfach hinter sich und entspannen sich. Laufen Sie allein oder zu zweit oder schließen Sie sich einem Lauftreff an, den es in fast jeder Stadt gibt.

Tipp

Laufen Sie auf keinen Fall, wenn Sie krank sind, dazu zählt auch eine Erkältung. Vor dem Laufen sollten Sie sich kurz aufwärmen. Nach dem Laufen sollten Sie leichte Dehnübungen machen. Danach empfiehlt es sich, heiß zu duschen. Trinken Sie anschließend ausreichend, am besten Mineralwasser oder Apfelschorle.

Das eigene Tempo finden

Machen Sie jedoch nicht den Fehler, den viele Anfänger machen: Laufen Sie nicht zu schnell, sodass Sie sich überlasten und schnell die Lust verlieren. Am Anfang kommt es nicht auf das Tempo an, sondern darauf, dass Sie sich überhaupt bewegen. Sie sollten immer so laufen, dass Sie sich dabei noch mühelos unterhalten können.

Das Laufen sollte am Anfang nicht schneller als ein schnelles Gehen sein. Trotzdem unterscheidet es sich von diesem: Der Energieumsatz ist wesentlich höher, weil Sie beim Laufen bei jedem Schritt das gesamte Körpergewicht vom Boden abheben. Wichtig ist, dass Sie sich nicht an anderen Läufern orientieren, die schneller laufen als Sie selbst. Laufen Sie Ihr Tempo, sodass Sie sich während und nach dem Laufen wohlfühlen und nicht völlig erschöpft sind. Dann laufen Sie auch das nächste Mal wieder gern.

Für welche der hier vorgestellten Entspannungsmethoden Sie sich auch immer entscheiden – Sie tun sich, Ihrem Körper und Ihrer Seele etwas Gutes. Ihre Konzentrationsfähigkeit und Ihr Lernvermögen werden es Ihnen danken.

5.7 Gesund leben

Zuletzt noch ein paar Worte zum Thema „Gesund leben", passend zu den zuvor vorgestellten gesunden Methoden. Vermeiden Sie alles, was Ihnen schadet! Dass Rauchen sehr ungesund ist, dürfte Ihnen bekannt sein. Fangen Sie damit also gar nicht erst an, es ist nicht cool, sondern schadet Ihrer Gesundheit. Sollten Sie rauchen, gewöhnen Sie es sich schnellstens ab. Dabei ist ein Lauftraining übrigens sehr hilfreich. Auf Alkohol sollten Sie selbstverständlich ebenfalls verzichten.

Treiben Sie regelmäßig Sport, um sich fit zu halten. Sie werden dadurch insgesamt leistungsfähiger – sowohl körperlich als auch geistig – und zufriedener.

Gehen Sie lieber mit Freunden spazieren, als stundenlang vor dem Fernseher zu hocken. Denken Sie daran: Ihr Gehirn braucht Sauerstoff. Schlafen Sie aber auch ausreichend – und zwar zu Zeiten, zu denen es für Ihren Körper am besten ist: nämlich nachts.

Gönnen Sie sich ruhig ab und zu ein Stück Sahnetorte, Schokolade oder andere Süßigkeiten, wenn Sie diese lieben. Achten Sie aber insgesamt auf eine gesunde Ernährung mit viel frischem Obst, Gemüse, Vollkornprodukten und wenig Fett.

Trinken Sie, auch während des Lernens, immer genug. Insgesamt sollten es mindestens eineinhalb Liter Flüssigkeit am Tag sein, am besten in Form von Wasser mit wenig Kohlensäure oder Kräuter- bzw. Früchtetee.

Checkliste: Entspannung

- Gefährlich ist Stress dann, wenn die durch Stressfaktoren erzeugten körperlichen Reaktionen und Verspannungen nicht mehr abgebaut werden können. In diesem Fall müssen Sie möglicherweise einen Arzt zurate ziehen. Sich selbst irgendwelche Medikamente zu verschreiben, sollten Sie auf jeden Fall vermeiden, denn dies könnte gefährlich werden und negative Auswirkungen auf Ihre Gesundheit haben.
- Entspannungsmethoden helfen Ihnen dabei, negativen Stress abzubauen und ruhig und gelassen zu werden.
- Überlegen Sie, welche Entspannungsmethode die richtige für Sie ist, und probieren Sie aus, was Ihnen am besten hilft.
- Wirkungsvolle Methoden zum Stressabbau sind autogenes Training, Progressive Muskelentspannung, Yoga oder Entspannung durch Sport. Auch Spazierengehen kann entspannend und beruhigend auf Körper und Geist wirken.
- Überfordern Sie sich nicht und planen Sie nur so viel Zeit für Ihre Entspannung ein, wie Sie auch tatsächlich haben. Wenn Sie krampfhaft versuchen, sich zu entspannen, wird genau das Gegenteil das Ergebnis Ihrer Bemühungen sein. Wer unter Zeitdruck entspannen möchte, wird mit Sicherheit sehr wenig von dieser Entspannung haben.

Abschluss

Mithilfe der in diesem Buch vorgestellten Lerntipps werden Sie bald konzentrierter, besser und mit mehr Spaß lernen können. Wichtig ist vor allem, dass Sie sich bewusst machen, dass Konzentration bedeutet, die gesamte Aufmerksamkeit auf eine Sache zu richten und sich durch nichts ablenken zu lassen. Aufmerksames und somit effektives Lernen ist nur in konzentriertem Zustand möglich – ohne die Bündelung Ihrer Gedanken werden Sie keine Erfolge verbuchen können.

Nach der Lektüre dieses Buches werden Sie bewusster lernen – mit mehr Konzentration – und sicherlich auch größere Lernerfolge verzeichnen können. Sie werden sich des Öfteren überlegen, welche Konzentrationshindernisse Sie ausschalten können, und mehr Wert auf eine angenehme Lernatmosphäre legen (ordentlicher Arbeitsplatz mit guten und vollständigen Arbeitsmaterialien und geringen Störungen durch Telefon, Fernseher, Musik o. Ä.).

Die Motivationstipps werden Ihnen helfen, mehr an sich selbst und Ihre Fähigkeiten zu glauben. Mit einer vernünftigen Zeitplanung werden Sie Ihre Zeitprobleme in den Griff bekommen und auch Prüfungen werden Sie sicherlich demnächst einfacher bewältigen können.

Die vorgestellten Entspannungsmethoden können Ihnen helfen, gerade in Prüfungsphasen mit Stress, also mit Anspannung und Angst, besser umzugehen. Versuchen Sie generell, Stress und negative Gedanken weitestgehend zu vermeiden. Überlegen Sie sich, welche Stressfaktoren auf Sie zutreffen, und bauen Sie diese gezielt ab. Entspannungsübungen helfen, die Angst zu überwinden, denn im entspannten Zustand empfindet der Mensch Angst nicht mehr so stark wie im angespannten Zustand.

Dass nicht alles immer sofort klappt und dass es Rückschläge geben kann, ist auch in diesem Fall – wie auch sonst im Leben – normal. Der Erfolg wird sich nicht sofort einstellen, sondern erst dann, wenn Sie wirklich ausdauernd bei Ihrer neuen Strategie bleiben. Lassen Sie sich nicht entmutigen, wenn einmal oder auch zweimal etwas schiefgeht. Genau dann müssen Sie weitermachen. Glauben Sie an sich selbst und Ihren Erfolg!

Ganz wichtig: Lassen Sie keine negativen Gedanken zu, sondern setzen Sie positive Gedanken dagegen. Und wenn Sie merken, dass sich nach einiger Zeit doch wieder einmal alte (schlechte) Gewohnheiten einschleichen, blättern Sie in diesem Buch und lesen Sie noch einmal aufmerksam das ein oder andere Kapitel.

Um Ihre Motivation zum Lernen zu steigern, denken Sie zuerst darüber nach, welche Ziele Sie haben. Ihre Ziele sollten realistisch sein. Nahziele sind für Ihre Motivation besonders wichtig. Denken Sie immer in Teilzielen, betrachten Sie Ihren Erfolg aber immer als ganzen!

Übung 108: Abschlussübung

a) Welche Wörter sind in dem Buchstabengitter versteckt (senkrecht, waagerecht und diagonal)?

A	G	C	U	T	B	H	G	L	S
E	N	T	S	P	A	N	N	E	N
U	I	I	M	A	D	I	E	R	O
Z	E	I	T	P	L	A	N	U	R
B	I	S	R	A	G	N	U	S	T
T	W	E	T	T	N	O	P	P	W
A	G	E	L	R	I	G	T	O	P
E	P	A	U	S	E	I	S	R	P
U	N	T	S	B	A	S	N	T	N
E	L	T	P	P	J	N	S	E	N

1. _____

2. _____

3. _____

4. _____

5. _____

6. _____

b) Machen Sie sich nun Gedanken über die Wörter, die Sie gefunden haben – es handelt sich dabei jeweils um Begriffe, die in diesem Buch näher erläutert wurden! Resümieren Sie: Was ist jeweils wichtig an dem Begriff, wie hängen die Begriffe möglicherweise zusammen?

_____

_____

_____

_____

_____

_____

_____

_____

Lösungen

Kapitel 1: Konzentration

Übung 2:

A	H	I	I	H	F	O	E	R
W	J	K	L	R	H	E	B	G
F	H	W	P	E	R	G	A	D
O	A	E	Q	U	G	W	H	F
R	E	F	E	W	E	K	T	K
E	G	Q	F	Q	J	B	R	L
A	H	H	E	M	O	P	J	P
D	K	M	G	O	P	A	O	A
M	A	P	J	A	H	S	W	H
I	W	K	O	O	M	M	E	W
T	Q	T	R	M	A	H	H	A
Z	H	R	T	E	H	Z	R	Q
E	J	C	A	H	E	E	Z	F
H	U	A	G	W	B	M	J	N

Übung 3:

a	h	k	l	h	f	o	e	r
w	j	k	l	r	h	e	b	g
f	k	w	p	e	r	g	a	d
o	a	e	q	u	g	w	h	f
r	e	f	e	h	j	z	j	k
e	g	q	f	q	j	b	k	l
h	k	h	h	j	k	p	j	p
j	k	j	j	k	p	h	j	k
k	a	p	k	m	h	j	w	h
i	w	k	o	g	m	k	j	v
t	q	t	m	n	h	j	k	a
z	h	r	h	e	h	z	r	q
e	j	c	k	h	h	j	k	f
a	k	d	j	m	k	l	e	d

Übung 8:

Mögliche Lösungen sind:
a) Extra oder Eva
b) Nachbar oder Narr
c) Tatort oder Tarot
d) Rasen oder rennen
e) Affe oder Amme
f) Tangotanz oder Terz
g) Information oder Immobilien
h) Ohio oder Ontario
i) Nubuk oder Nepomuk

Übung 9:

Setzen Sie die Buchstaben als Zahl zusammen. Zum Beispiel:
AD + EH (A = 1; D = 4 –> 14 und E = 5; H = 8 –> 58, so folgt:
14 + 58 = 72)

a) $14 + 58 = 72$
b) $23 - 12 = 11$
c) $72 : 8 = 9$
d) $32 \cdot 4 = 128$
e) $65 - 43 = 22$
f) $87 + 12 = 99$
g) $49 : 7 = 7$
h) $31 \cdot 3 = 93$
i) $97 - 52 = 45$

Übung 11:

Setzen Sie bei der Reihenfolge der Hausaufgaben Prioritäten. Überlegen Sie sich vorher genau, mit welchem Fach Sie beginnen wollen – es sollte Ihr Lieblingsfach sein.

Hier finden Sie zwei verschiedene Vorschläge, wie Max seine Hausaufgabenplanung am besten angehen sollte.

1. Chemie (Experiment schriftlich erläutern)
2. Englisch (Vokabeln lernen, mündlich)
3. Englisch (Übersetzung, schriftlich)
4. Biologie lesen
5. Französisch (Vokabeln, schriftlich)
6. Französisch (Fragen zum Text, schriftlich)

1. Biologie lesen
2. Englisch (Übersetzung, schriftlich)
3. Englisch (Vokabeln lernen, mündlich)
4. Chemie (Experiment schriftlich erläutern)
5. Französisch (Vokabeln, schriftlich)
6. Französisch (Fragen zum Text, schriftlich)

Übung 13:

Sie sollten zehn Großbuchstaben in den kleinen Figuren bzw. fünf Kleinbuchstaben in den großen Figuren erkennen.

Übung 14:

Es sind 13 Paare, jeder Buchstabe kommt einmal vor. Von *ba* über *dc, fe* usw. bis hin zu *zy* wird das Alphabet von hinten nach vorne in aufeinanderfolgenden Paaren dargestellt.

```
q r k m n a c z y a s k t n q o c u w
j x w b o y v t e k f i j b v u m x z n
u l g a f t s b j k s t n o e f r q z e b
l y v w p n g p o q n m t e f g h l k e
x z t n l a y f j i z b t m r g o k h g y
g r t n x w l b z f e f z t w n p l g a
d c u v f b r z n o p b a z u m n b l
p l u e i d h z r k e b r t g u e n n i c
```

Anhang: Konzentrationsübungen

Übung 15: Buchstabensalat

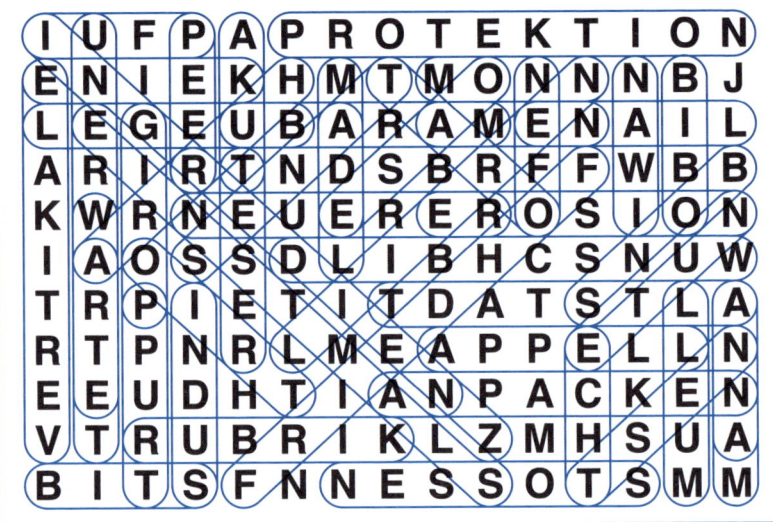

Übung 16: Fehlersuchbild

Übung 17: Schüttelrätsel

RASEN
IRDEN
EHRUNG
SCHIEF
ERPEL
LATEIN
FINTEN
EBENDA
LAMPEN
DINAR
= RIESELFELD

Übung 18: Symbolpfad

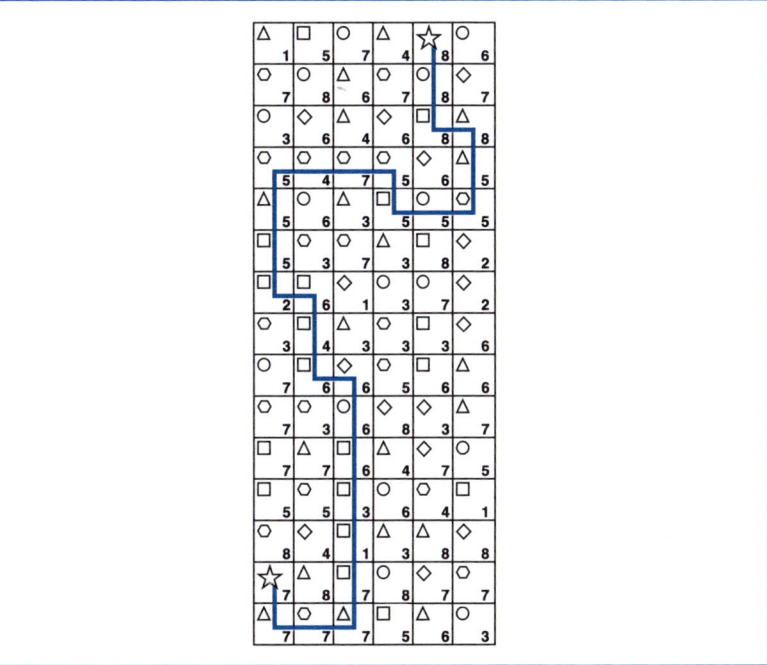

Übung 19: Atomium

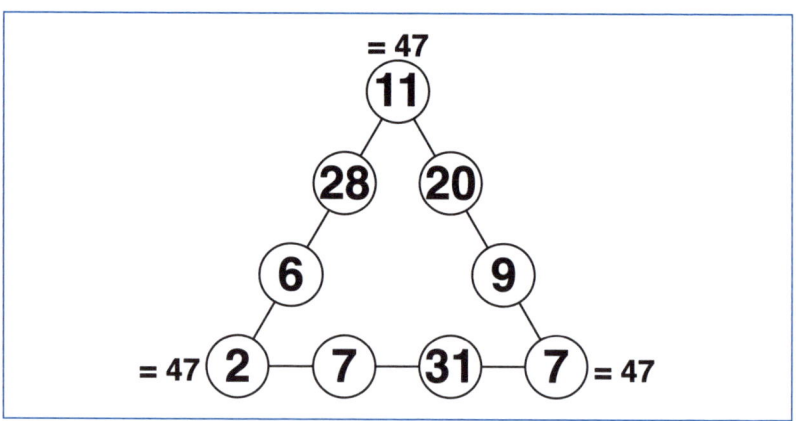

Übung 20: Würfelspiel

Es sind 38 Würfel.

Übung 21: Sudoku

2	1	4	8	5	7	3	6
6	3	7	5	8	4	2	1
5	2	3	1	4	6	7	8
4	6	8	7	2	5	1	3
1	5	2	4	3	8	6	7
8	7	6	3	1	2	5	4
7	8	1	2	6	3	4	5
3	4	5	6	7	1	8	2

Übung 22: Streichholz

Es müssen zwei Streichhölzer umgelegt werden, und zwar so:

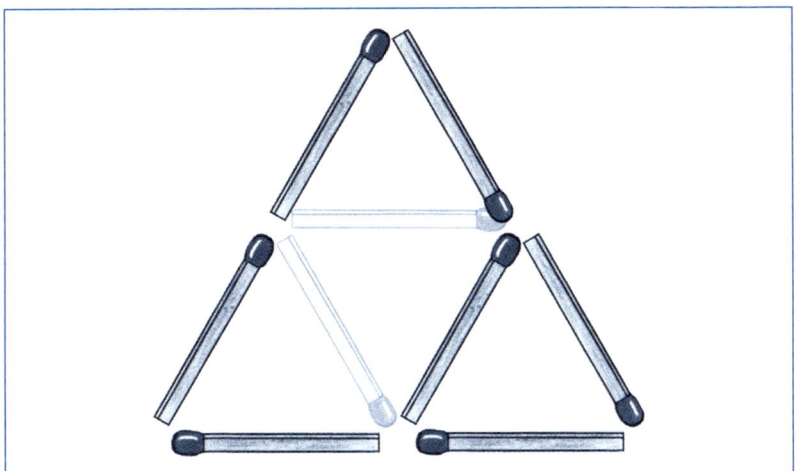

Übung 23: Blindfeldsuche

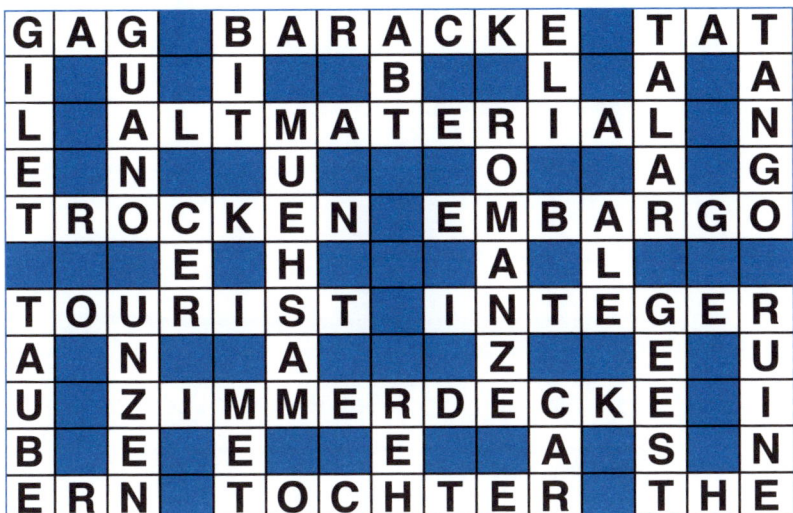

Es gibt nur eins, was auf Dauer teurer ist als Bildung: keine Bildung.

Übung 24: Symbolpfad

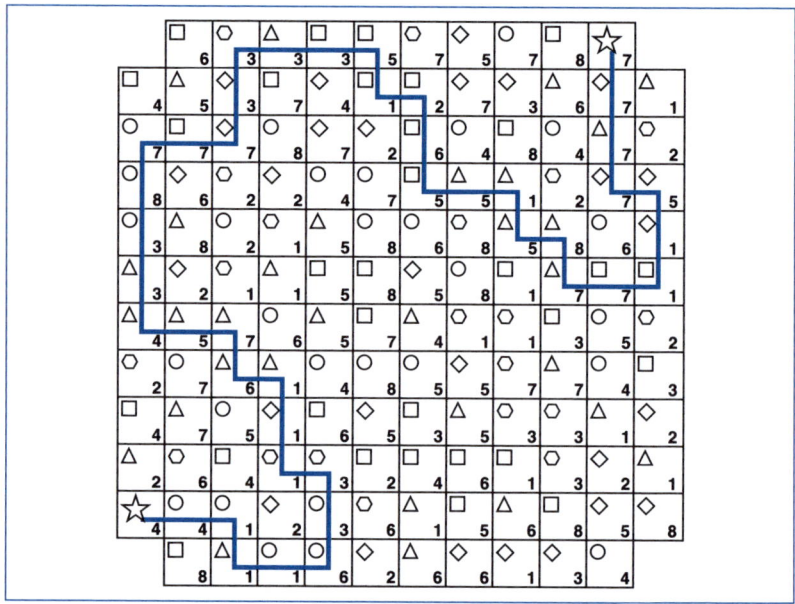

Übung 26: Optische Zählübung

Es sind 30 Dreiecke zu sehen.

Übung 27: Buchstaben finden

Es sind 58 – 10 *m*, 9 *n*, 13 *u*, 13 *v* und 13 *w*.

Übung 29: Go-Übung

Das erste Muster ist auf dem großen Feld enthalten.

Übung 30: Buchstabenrätsel

E – das Muster ist bei A beginnend abwechselnd zwei vor und eins zurück (A plus 2 ist C minus 1 ist B plus 2 ist D …).

Kapitel 2: Motivation

a) Haus
b) Vogel
c) Schule
d) Anfang
e) Erfolg
f) Kapitel
g) Termin
h) Buchstabe
i) Fahrrad
j) Motivation
k) Weihnachten
l) Eidechse
m) Schwimmbad

Anhang: Konzentrationsübungen

Es sind 34 Würfel.

Übung 39: Fehlersuchbild

Übung 40: Mosaikrätsel

Jeder ist so alt, wie er sich fuehlt.

Übung 41: Sudoku

7	1	8	5	3	4	6	2
6	2	4	3	5	7	1	8
5	7	6	8	4	2	3	1
2	4	3	1	8	5	7	6
3	8	5	2	6	1	4	7
1	6	7	4	2	8	5	3
4	3	2	7	1	6	8	5
8	5	1	6	7	3	2	4

Übung 42: Buchstabensalat

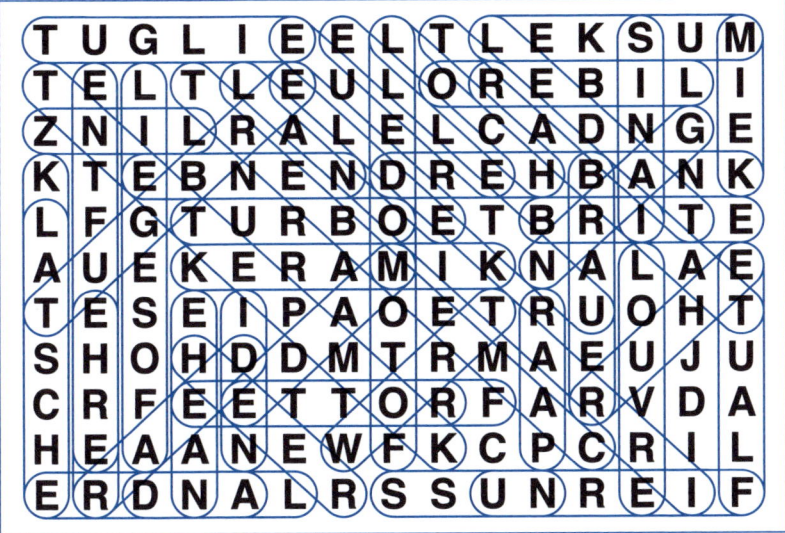

Übung 43: Streichholz

Es müssen vier Streichhölzer umgelegt werden, und zwar so:

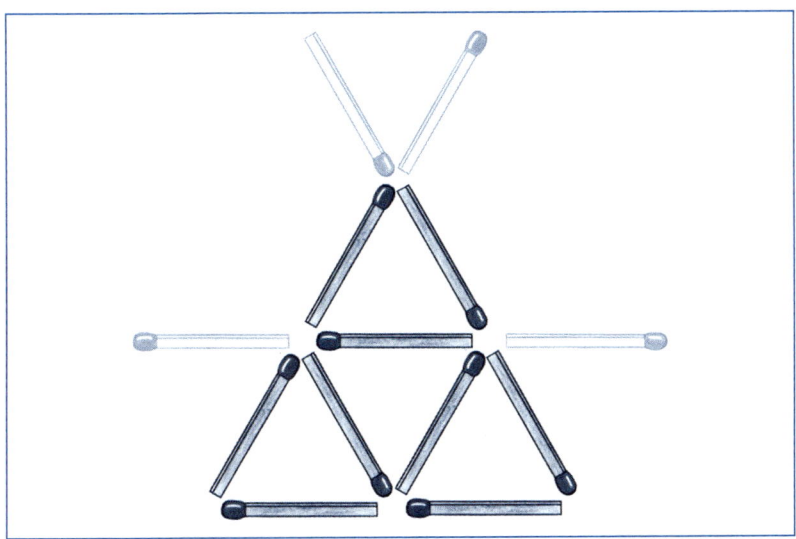

Übung 44: Schüttelrätsel

SERIEN

CHRIST

HERBA

NULPE

ARREST

ROMANE

CHARTS

HANSE

ERNTEN

NEIGE

= SCHNARCHEN

Übung 45: Mittelworträtsel

a) BUCH
c) WASSER
e) ENKEL
g) REICH

b) EISEN
d) ANGEL
f) HAUS
h) TURM

Lösung: BEWAEHRT

Übung 46: Gesichterreihe

Lösung: C. In jeder Reihe ist jedes Merkmal je einmal vertreten: runder, weißer, schwarzer Hut; böser, normaler, eingeschüchterter Blick; normale, keine, „Spock-Ohren"; fröhlicher, trauriger, welliger Mund.

Übung 47: Buchstaben finden

Es sind 52 Vokale – 4 *a*, 13 *e*, 13 *i*, 9 *o* und 13 *u*.

Übung 50: Optische Zählübung

Es sind 18 Rechtecke zu sehen.

Übung 51: Optische Zählübung

Es sind 35 mögliche Rechtecke zu sehen.

Übung 52: Zahlenrätsel

12 – die Reihe nimmt um je 5 ab.

Übung 53: Buchstaben-Zeichen-Kombination

Es sind 24 *d* mit zwei Punkten.

Kapitel 3: Zeit zum Lernen – Zeit zum Leben

Übung 57:

Es gibt sieben gleiche Paare:

a) 123456789
123456789

d) klklmklklm
klklmklklm

g) 346789983
346789983

h) uiztrtrtzuirr
uiztrtrtzuirr

k) 689689689
689689689

m) 1A45AE8Z
1A45AE8Z

p) POI1IWVPO
POI1IWVPO

Übung 59:

Insgesamt sollten Sie 21 Kreise, 13 Dreiecke und 15 Quadrate finden.

Übung 61:

Uhrzeit	Tätigkeit
14.15	Sie essen gemeinsam mit Ihrer Mitbewohnerin zu Mittag.
15.00	Den Zahnarzttermin haben Sie klugerweise auf die Zeit nach dem Mittagessen gelegt, in der man ohnehin nicht gut lernen kann. Sie sind um 15.45 Uhr wieder zu Hause.
16.00	Sie beginnen mit den Vorbereitungen für das Referat. Gegen 17.00 Uhr machen Sie eine 30-minütige Teepause.
17.30	Sie wiederholen 45 Minuten lang den Stoff für die Klausur. Das genügt, da er schon recht gut sitzt.
18.15	Sie essen zu Abend und machen anschließend eine Pause.
19.00	Sie gehen noch einmal Ihre Hausarbeit durch. Gut, dass Sie ausreichend Reservezeit einge-rechnet haben, denn Sie finden doch noch einige verbesserungswürdige Sätze. Dann streikt noch kurz der Drucker, sodass Sie endgültig erst um 20.30 Uhr fertig werden.

Sie kontrollieren noch einmal Ihre Planung und sind froh, dass Sie alles so gut geschafft haben. Gut auch, dass Sie Ihrer Schwester abgesagt haben. Hätten Sie noch zwei Stunden auf Ihre kleine Nichte achtgegeben, wäre Ihr Plan vollkommen durcheinandergeraten und Sie hätten bis spät in den Abend arbeiten müssen. So jedoch haben Sie noch die Möglichkeit, sich etwas zu entspannen und gehen trotzdem früh genug ins Bett – schließlich steht am nächsten Morgen die Klausur auf dem Programm und da sollten Sie ausgeschlafen sein!

Übung 64:

Es sind 30 Vokale – je 6-mal.

Anhang: Konzentrationsübungen

Übung 65: Würfelspiel

Es sind 24 Würfel.

Übung 66: Fehlersuchbild

Übung 67: Symbolpfad

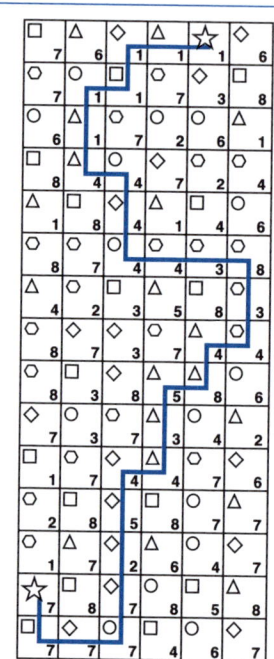

Übung 68: Schüttelrätsel

MASCHE

INSEL

NEKTAR

EIFER

SENORA

TOPFEN

REDEN

OSTERN

NASSAU

EFENDI

= MINESTRONE

Übung 69: Sudoku

6	1	2	4	5	7	8	3
3	7	8	5	4	2	6	1
5	2	4	6	7	1	3	8
1	8	3	7	2	5	4	6
4	3	5	2	8	6	1	7
7	6	1	8	3	4	5	2
8	5	7	1	6	3	2	4
2	4	6	3	1	8	7	5

Übung 70: Buchstabensalat

Übung 71: Würfelspiel

Es sind 32 Würfel.

Übung 72: Fehlersuchbild

Übung 73: Optische Zählübung

Es sind drei Dreiecke, vier Vierecke und drei Fünfecke.

Übung 74: Mosaikrätsel

Was wäre das Leben ohne Hoffnung.

Übung 75: Buchstaben finden

Es sind 34 – 5 *r*, 7 *v*, 8 *s*, 6 *f* und 8 *o*.

Übung 77: Go-Übung

Das dritte Muster ist auf dem großen Feld enthalten.

Übung 78: Dreierkombinationen

Die gesuchte Kombination kommt 22-mal vor.

Übung 81: Optische Zählübung

Es sind 17 Quadrate zu sehen.

Kapitel 4: Angst in Prüfungsphasen

Übung 83:

negative Gedanken	positive Gedanken
In Prüfungen habe ich schon immer versagt.	Das war früher und zählt nicht mehr. Ich weiß jetzt, wie ich es besser machen kann.
Ich kann mich nicht konzentrieren.	Ich kann mich schon viel besser konzentrieren. Ich arbeite weiter daran und werde mich in Zukunft noch besser konzentrieren können.
Ich habe Angst und ich verachte mich für diese Angst.	Angst gehört dazu, es ist in Ordnung, dass ich (etwas) Angst habe. Ich werde meine Angst weiter verringern. Angst kann sogar positiv wirken!
Was ich lernen muss, ist viel zu viel, ich werde es nie schaffen.	Es ist viel, aber mit einer vernünftigen Planung werde ich es Schritt für Schritt schaffen.
Ich hasse dieses Fach, ich werde es niemals schaffen.	Es ist nicht mein Lieblingsfach – aber „hassen" ist doch übertrieben. Ich schaffe es auf jeden Fall!

Übung 87:

Es sind 16 Ecken.

Anhang: Konzentrationsübungen

Übung 88: Würfelspiel

Es sind 38 Würfel.

Übung 89: Mosaikrätsel

Angenehm sind die getanen Arbeiten.

Übung 90: Symbolpfad

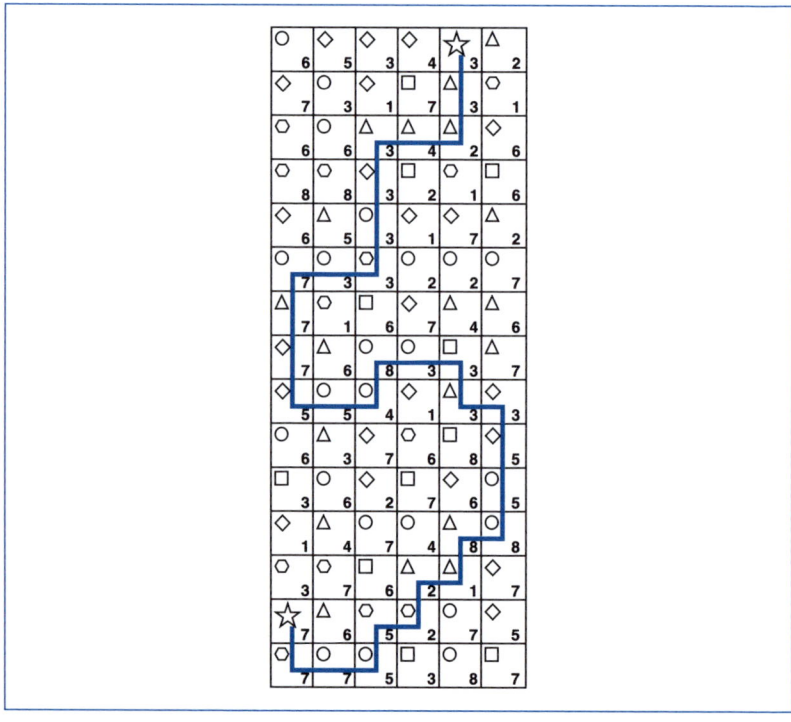

Übung 91: Fehlersuchbild

Übung 92: Sudoku

5	2	8	3	6	1	7	9	4
9	1	3	7	4	2	6	5	8
7	6	4	9	8	5	1	3	2
6	4	2	8	3	7	9	1	5
3	8	9	1	5	4	2	7	6
1	7	5	2	9	6	4	8	3
4	3	7	6	1	8	5	2	9
2	9	6	5	7	3	8	4	1
8	5	1	4	2	9	3	6	7

Übung 93: Blindfeldsuche

Beglueckt, wer Treue rein im Busen traegt, kein Opfer wird ihn je gereuen.

Übung 94: Symbolpfad

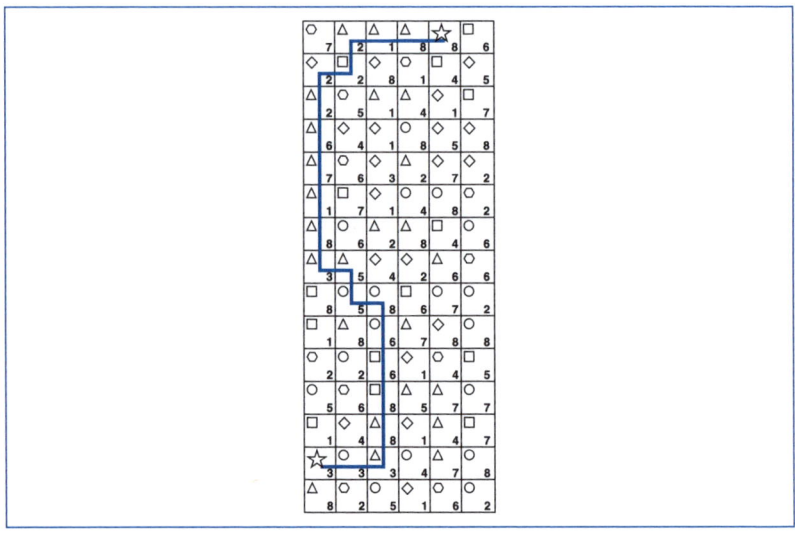

Übung 95: Buchstabensalat

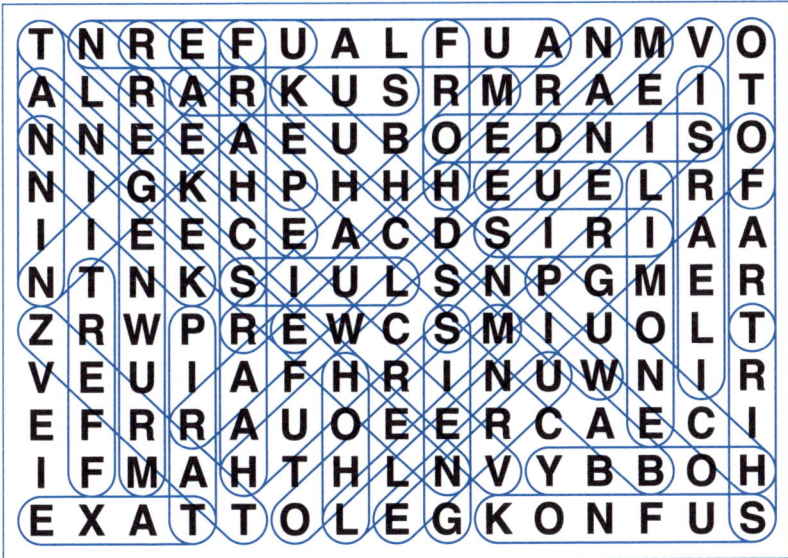

Übung 96: Buchstaben-Zeichen-Kombination

Es sind 24 *d* mit zwei Punkten.

Übung 97: Go-Übung

Das erste Muster ist auf dem großen Feld enthalten.

Übung 98: Streichholz

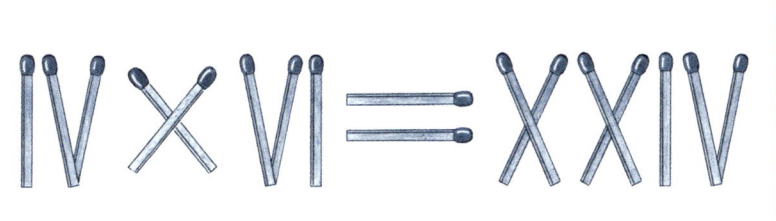

Übung 99: Optische Zählübung

Es sind 22 Dreiecke.

Übung 102: Buchstaben finden

Es sind 28 Paare – und zwar in dieser Reihenfolge: *qr, rs, jk, jk, tu, qr, st, de, ef, fg, lm, ab, ef, st, bc, de, kl, op, pq, op, wx, mn, gh, yz, cd, fg, hi, op.*

Abschluss

Übung 108: Abschlussübung

a) Die Wörter sind:
Ziel, Zeitplan, Pause, Entspannen, Sport, Angst

A	G	C	U	T	B	H	G	L	S
E	N	T	S	P	A	N	N	E	N
U	I	I	M	A	D	I	E	R	O
Z	E	I	T	P	L	A	N	U	R
B	I	S	R	A	G	N	U	S	T
T	W	E	T	T	N	O	P	P	W
A	G	E	L	R	I	G	T	O	P
E	P	A	U	S	E	I	S	R	P
U	N	T	S	B	A	S	N	T	N
E	L	T	P	P	J	N	S	E	N

b) Ziel:
- Indem man sich über seine Ziele klar wird, steigert man seine Motivation.
- Mit einem klaren Ziel vor Augen ist man motivierter.
- Das eigene (Fern-)Ziel sollte in Teilziele unterteilt werden.

- Ziele sollten realistisch sein: Sie sollten weder zu hoch noch zu niedrig angesetzt werden.
- Es ist sinnvoll, seine Ziele und seine Erfolge schriftlich festzuhalten und damit zu dokumentieren.

Zeitplan:
- Besonders dann, wenn man viele Dinge erledigen muss, hilft ein Zeitplan dabei, seine Zeit sinnvoll zu nutzen (und so seinem Ziel näher zu kommen). Gleichzeitig wird das Gehirn entlastet, da man von vornherein festlegt, was wann zu tun ist. Es ist wichtig, Prioritäten zu setzen und seine Leistungshochs für schwierige Aufgaben zu nutzen.
- Der Zeitbedarf sollte realistisch eingeschätzt werden: Muten Sie sich weder zu viel noch zu wenig zu. Kontrollieren Sie, ob Sie Ihre Zeitplanung einhalten konnten.
- Ein Zeitplan sollte auch die Pausen enthalten.

Pause:
- Pausen sind beim Lernen sehr wichtig. Sie helfen, das Gelernte in Ruhe zu verarbeiten.
- Durch Pausen wird außerdem verhindert, dass sich zwei verschiedene Lernvorgänge gegenseitig behindern.
- Es macht daher Sinn, Pausen zwischen zwei verschiedene Lerninhalte zu legen.
- Pausen sollte man einlegen, bevor man erschöpft ist. Bleiben Sie in Ihrer Pause nicht am Schreibtisch sitzen, sondern bewegen Sie sich oder essen und trinken Sie eine Kleinigkeit.
- Pausen sind für Körper und Geist wichtig. Sie helfen dabei, die Leistungsfähigkeit zu erhalten.

Entspannen:
- Genauso, wie man während des Lernens Pausen braucht, benötigt der Mensch immer wieder Phasen der Entspannung, um zu regenerieren und neue Energie zu schöpfen. Nach einer Zeit der Anstrengung sollte eine Phase der Entspannung folgen.

● Entspannungsmethoden wie autogenes Training, Progressive Muskelentspannung oder Yoga helfen dabei, abzuschalten, zu entspannen und gelassener zu werden.

Sport:
● Sport ist ebenfalls eine gute Methode, um Stress und Anspannung zu reduzieren. Stresshormone werden dadurch abgebaut und es werden Glückshormone ausgeschüttet.
● Regelmäßige sportliche Betätigung trägt dazu bei, sich körperlich und seelisch besser zu fühlen.
● Man wird ausgeglichener und gelassener und auch das Selbstwertgefühl wird gestärkt.
● Sport kann sich daher auch bei Ängsten positiv auswirken.

Angst:
● Angst ist eine natürliche Reaktion, die eine Schutzfunktion hat.
● Prüfungsangst kann sogar konzentrationsfördernd sein, wenn sie auf das richtige Maß gebracht wird.
● Versuchen Sie, Ihrer Prüfungsangst mit einer guten Vorbereitung und positivem Denken zu begegnen.
● Ersetzen Sie negative, die Angst steigernde Gedanken durch positive Gedanken.
● Erlernen Sie eine Entspannungsmethode oder/und treiben Sie Sport, um ruhiger und gelassener zu werden und Ihr Selbstwertgefühl zu steigern.

Register

A

L

M

R

S